どんでん返しが楽しい

リバーシブルの布バッグ

誠文堂新光社

Quoi? Quoi?

コアコア

はじめに

布を中表に縫い合わせ、数センチ開けておいた返し口からひっくり返すと、
縫い代がすっかりかくれて、裏がきれいについたバッグの出来上がりです。
このひっくり返す時は、とってもワクワクします。
（間違っちゃった時は、アレっとがっかりする瞬間でもありますが）

本書では、シンプルなものから、
いったいどうやってひっくり返すの？という
少しややこしいものまで 15 のバッグをご紹介。

ボタンやロープ、ファスナー、接着芯などの副資材をいっさい使わず、
持ち手からひもまで、オール布で作りました。
布好きによる、布好きのための本です。

汚れたらざぶざぶ洗えばいい。
スケッチブックや本、カメラ、本でも、
好きなものを何でもつめこんで出かけましょう！

久文麻未
三代朝美
Quoi? Quoi?

大好きな街・吉祥寺から

Contents

1 ふたつきのメッセンジャーバッグ
写真 p.6 ／ 作り方 p.35

2 ひっくり返すときんちゃくになるナップザック
写真 p.10 ／ 作り方 p.39

3 持ち手がふたつある大きめトート
写真 p.12 ／ 作り方 p.44

4 持ち手の位置がおもしろいキューブバッグ
写真 p.14 ／ 作り方 p.48

5 うわばき入れにもなるワイン入れ
写真 p.17 ／ 作り方 p.52

6 肩ひもを結んで使う巨大バッグ
写真 p.18 ／ 作り方 p.56

7 絞っても絞らなくてもいい丸底きんちゃくバッグ
写真 p.20 ／ 作り方 p.61

8 大きく作るとおしゃれで便利なあづま袋
写真 p.22 ／ 作り方 p.66

9 2通りに裏返せるポシェット
写真 p.24 ／ 作り方 p.70

10 いつもバッグにアメちゃんきんちゃく
写真 p.25 ／ 作り方 p.74

11 レジ袋みたいな形のエコバッグ
写真 p.26 ／ 作り方 p.77

12 ふたつに折って使うぺたんこバッグ
写真 p.28 ／ 作り方 p.81

13 単独でも使えるバッグ in かごバッグ
写真 p.29 ／ 作り方 p.85

14 なんだかんだ便利な普通のトート
写真 p.30 ／ 作り方 p.89

15 ペットボトルみたいな長いものを入れるバッグ
写真 p.32 ／ 作り方 p.92

How to make p.33

本書で使用した布 p.34

6

7
ふたつきのメッセンジャーバッグ

1

ふたつきの メッセンジャーバッグ

作り方 p.35

かぶせふたとななめがけのベルトでメッセンジャー風に。両手があくのでたくさん買い物をしたり、自転車の時もラクラク。肩ひもを短めにして、脇に抱えるように持つと重さが気にならず、子どもっぽくなりません。ドーンと大きく作るのも幼稚園風にならないポイントです。

まちは底にいくほど広くなっているというかくれたこだわり。見かけより収納量があり、普段から荷物が多い人はもちろん、一泊旅行くらいならできちゃうかも。

(Side A)

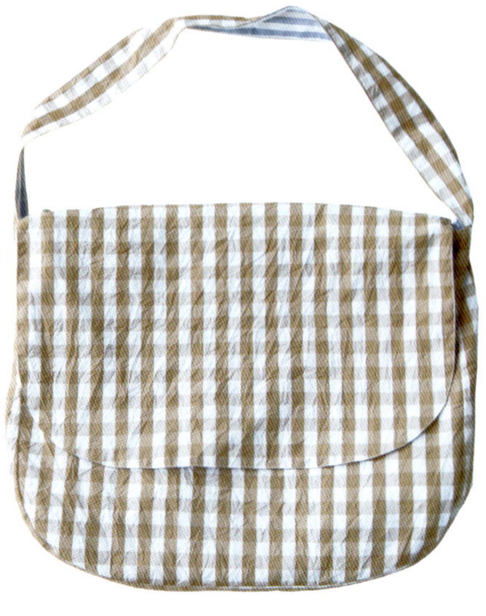

(Side B)

大きいバッグは中に入れた物が迷子になりがち。体側にそれぞれ大きなポケットがひとつ。ひっくり返すと内ポケットになります。

リバーシブルバッグのエライところ❶

1枚仕立てのバッグと比べて難しそう…と思いがちですが、実は初心者におすすめなのです。帆布などの厚い布を縫うのは結構たいへん。リバーシブルバッグなら薄手の布2枚なので、強度も出るしだんぜん縫いやすい。

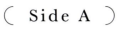

2

ひっくり返すと きんちゃくになる ナップザック

作り方 p.39

ぜひカラフルなプリント地で作ってほしい、子どもの持ち物のようなナップザック（もちろん子ども用にも！）。楽しい気分で街を歩きましょう。底にダーツを縫ってあるので、コロンとかわいい形に出来上がります。

ループを作り、ひもの端を結びます。きんちゃくとして使う場合ははずします。ひもの強度はそれほどないので、重い物を入れたい場合はひもを市販のロープなどに替えても。

(Side A)

(Side B)

ひっくり返すと、ふたが中に入り、きんちゃく袋に。昔なつかしい体操服入れ風。

リバーシブルバッグのエライところ❷

裏も表もきれいに仕立てるのが1枚仕立て。しかも縫い代を伏せ縫いしたりロックしたり、バイヤステープでくるんだりしなければなりません。その点リバーシブルなら縫い代が全部かくれるのできれいに見え、ロックミシンも不要です。

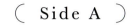

3

持ち手がふたつある大きめトート

作り方 p.44

肩ひもと短い持ち手の2WAYタイプ。肩にかけた時に体に沿いやすいようにななめにつけるなど、細部にこだわりアリの仕立てです。
大きい柄×小さい柄の大胆な組み合わせですが、両方ソレイアードなのでまとまり感はピカイチ。

(Side A)

正面に大きなポケットひとつ。ひっくり返すと内ポケットになります。

13

持ち手がふたつある大きめトート

(Side B)

ソレイアードは南仏のブランド。小紋柄は日本人にも人気です。

4

持ち手の
位置がおもしろい
キューブバッグ

作り方 p.48

縦、横、高さが同じサイズの立方体のバッグ。そのままでもかわいい形ですが、さらに持ち手を斜めに渡るようにつけてみました。持った時にくしゅっと不思議な形になって、個性的なスタイルになります。

15

持ち手の位置がおもしろいキューブバッグ

(Side A)

平らにたたみにくいのが玉にキズ。

向きを変えるとこんな感じ。手に持っても、肩かけにもできる長さです。

(Side B)

布は同じシリーズの色違い。白い本体に黒い持ち手のコンビもかわいい。

(Side A)

まちは底を折りたたんで脇を縫うとできあがる簡単なタイプ。

(Side B)

ワインやオイルを入れてそのままプレゼント！も粋ですね。

5
うわばき入れにもなるワイン入れ

作り方 p.52

ボトルを運ぶのって意外に気を使いますよね。バッグの中でのおさまりが悪いし…。というわけで絶対便利な専用袋を作りました。ワンハンドルの縦長のバッグは、昔なつかしいうわばき入れの形。シューズ入れにもぜひどうぞ。

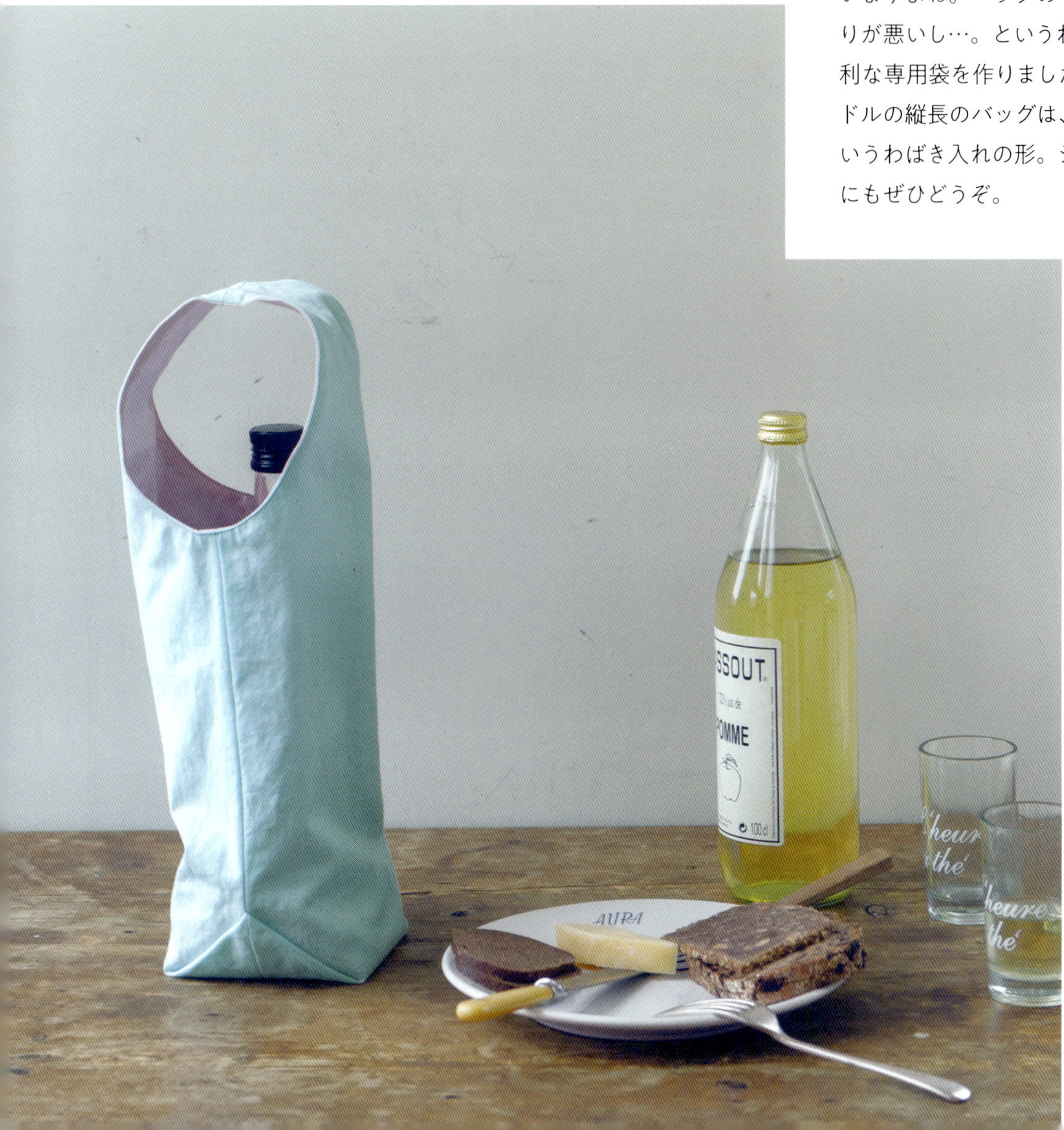

6

肩ひもを結んで使う巨大バッグ

作り方 p.56

例えばたくさんの服をクリーニングに出す時。または大きなスケッチブックを持ち歩きたい時。ひたすら大きなバッグが必要な時って結構あるな～と思って作ったバッグです。肩ひもの結び目をデザインのポイントにしました。

Side A

ひもの結び目が肩の頂上にくると、あたって痛いことがあるので、ひもの長さを左右で変えてある安心設計。

結んだところ。本体は遠くからでも目をひく、インパクトのあるアフリカンプリント。大きいバッグは普段使いづらい大きな柄もばっちり合います。

Side B

裏にしてチラ見えでも、表にひっくり返してもかわいいショッキング・ピンク。

布選びのこと❶初心者におすすめの組み合わせ

突飛に見える組み合わせでも、それなりにまとまってくれるのが布バッグのえらいところ。とはいえセレクトに自信がないという人はまずはこちらを参考にしてみて。

①片方を無地にする……柄の中の1色を選ぶとより鉄板です。
②同じシリーズの中で選ぶ……テイストが揃っているので違和感なくまとまります。
③同系色を合わせる……青いチェック×青い水玉、など。
④反対色を合わせる……黄色×紫、オレンジ×青など。強いコントラストで不思議とおしゃれな雰囲気に。

7

絞っても
絞らなくてもいい
丸底きんちゃくバッグ

作り方 p.61

本体にタックをたたみ、正円の底と縫い合わせます。ひもで絞るとコロンとかわいいきんちゃくバッグに。絞らなくてもマルシェバッグのような使い勝手のよいトートバッグになります。

（ Side A ）

絞らないとこんな感じ。これはこれでオープンな状態で便利に使えます。何にでも合うデニムはコーディネートの強い味方。

（ Side B ）

ひっくり返すと優しいイエローのブロックチェック。秋冬はデニム、春夏はこちらのチェックなどの使い分けも楽しい。

こっちの面にすると、ひも通し口は中に入ります。入れ口がフリルのようになって、金魚鉢のようでとてもかわいい。

布選びのこと❷厚みを揃えましょう

厚い布と薄い布を組み合わせると、リバーシブルというよりただの裏地つきバッグになってしまいます（それはそれでよいのですけど）。やはりリバーシブルとして使いたいのであれば、同じくらいの厚みにするのが鉄則。薄い色の布などは、縫い代などが表に響かないか買う前にチェックして。

8

大きく作ると
おしゃれで便利な
あづま袋

作り方 p.66

かつては江戸っ子が粋に持ったというあづま袋(諸説あります)。現代人にとっても、これが意外に便利。小さいものはお弁当包みなどになりますが、大きく作ると収納量の多いバッグとして大活躍。形に融通がきくのでいろいろなものを包めます。

(Side A)

広げるとこんな形。たたむとぺたんこになるので、旅行の時のサブバッグや整理袋としても優秀。

(Side B)

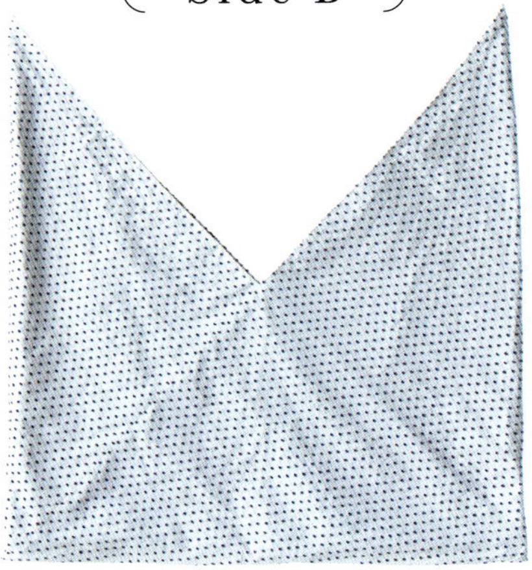

表裏を同じトーンで揃えて品よく。もちろんコントラストの強いパンチのある組み合わせもおしゃれです。

どのような布を選んでも、どことなく和風の雰囲気になるので、浴衣など和装の時にも重宝します。

9

2通りに裏返せる ポシェット

作り方 p.70

スマホとハンカチを入れるのにちょうどいい大きさ。ポケットがたくさんあるので、チケットやカードなども整理できます。肩ひもは好みの長さに調節して。

(Side A)

A面はウィリアム・モリスの「いちご泥棒」。正面に小さなポケットつき。

(Side B)

裏返すと黄色い無地。正面にポケットが2部屋つきます。

(Side B')

さらにポケットをひとつ表に返すとこんな感じ。配色がおしゃれです。

Side A

Side B

10

いつもバッグに アメちゃんきんちゃく

作り方 p.74

ひっくり返しても、ひも通し口が外側に出る仕立て。片側だけより少し難しいけれど便利です。

端切れで作れるアメちゃん袋。かばんの中で迷子になりがちなリップクリームや目薬などを入れてもいいですね。

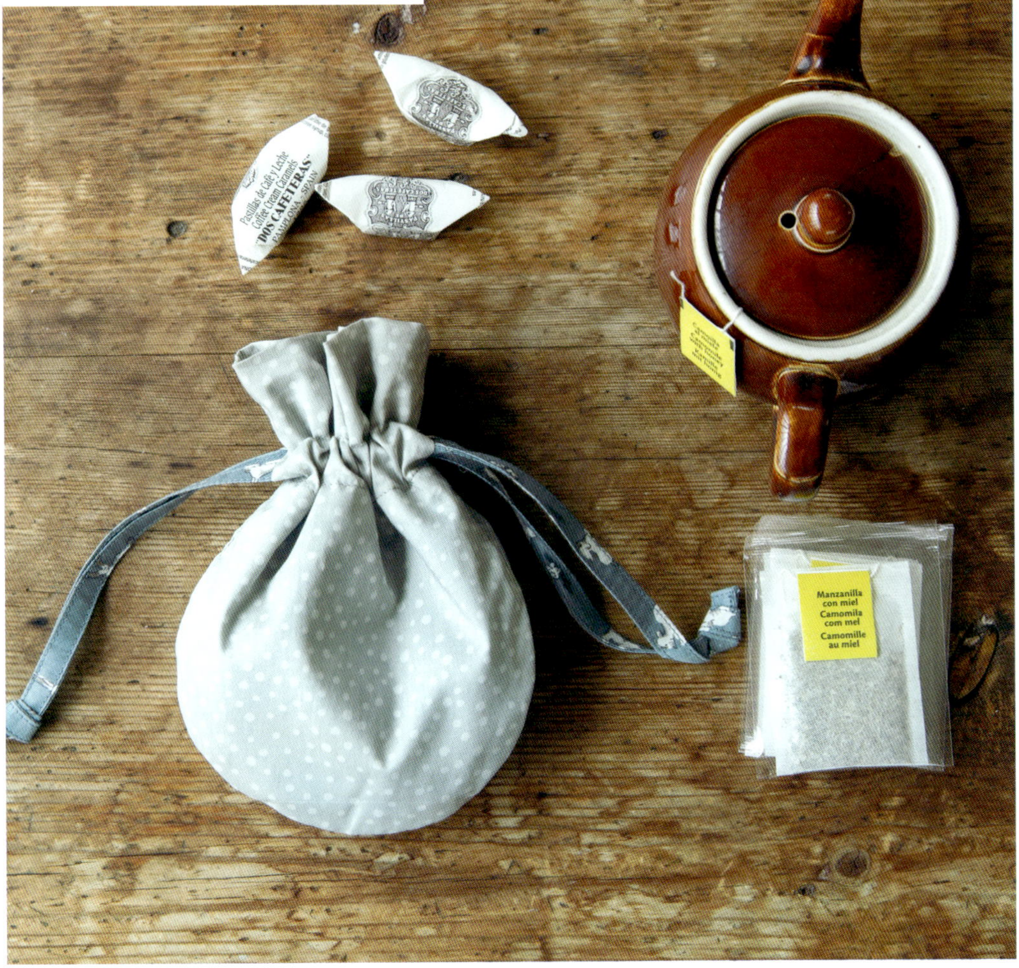

11

レジ袋みたいな形の エコバッグ

作り方 p.77

エコバッグとして、または気軽なご近所バッグとして便利な１枚。
小さな風呂敷包みのようにも見えるので、浴衣姿で持ってもしっくりきます。持ち手が一体になっているのですぐに縫い上がり、いくつも作りたくなります。

(Side A)

底にダーツを入れてコロンとしたフォルムに。持ち手をもうひとつの輪に通して持ってもかわいいのです。

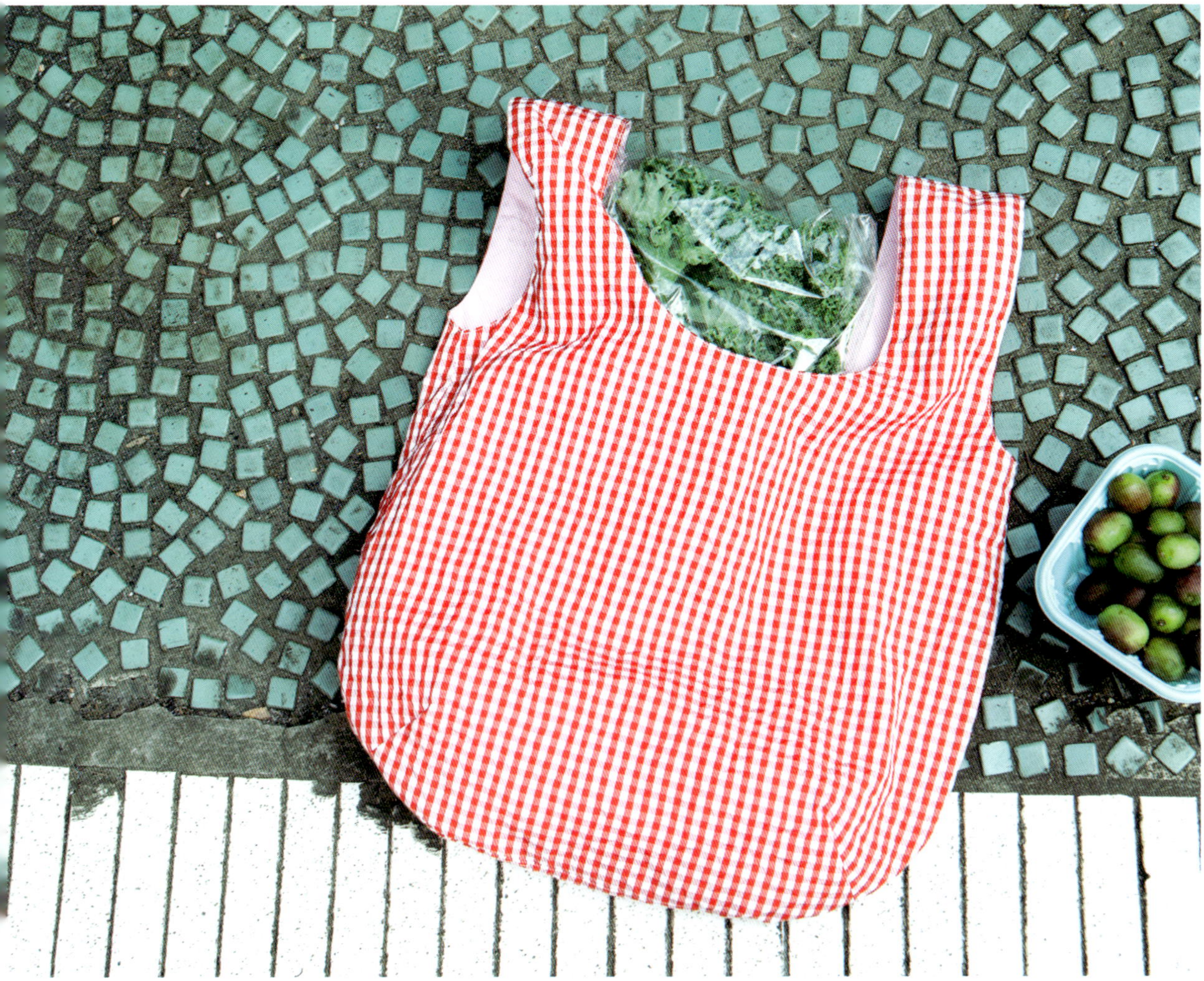

(Side B)

みんな大好きギンガムチェック♡

(Side A)

リボンを結んだ時に、入れ口がパカッと開いてしまわないようにループに通して結びます。

(Side B)

柄を変えたい時は反対側に折ってリボンを結びます。どっちにしても両方の布がよく見えるので、選びがいがあります。

12

ふたつに折って使う ぺたんこバッグ

作り方 p.81

筒形に仕立て、平たくして真ん中にミシンステッチ。両端に持ち手をつけます。折り方によって2種類の柄になるユニークなバッグ。リバーシブル（?）と言ってよいのか疑問ですが、布の組み合わせが映えるデザインです。

13

単独でも使える バッグinかごバッグ

作り方 p.85

かごバッグはかわいいけれど中身が丸見えだったり、倒すと中身がこぼれ出たりしますよね。そこでバッグinバッグの出番です。単なるきんちゃくの形でもいいけれど、持ち手をつけておけば、それだけをヒョイと持つこともできますよ。

(Side A)

きんちゃくの口は開けたままでもいいし、貴重品を入れた時に絞るなど、臨機応変に。

(Side B)

ひっくり返すとひもは中に隠れる仕立て。中から絞ることもできます。

14

なんだかんだ便利な普通のトート

作り方 p.89

いくつあってもいい、シンプルなトートバッグ。どんでん返し初心者はまずこれから作るのがいいかも。慣れたら大きさや持ち手の長さを自分仕様にアレンジしてみてください。

(Side A)

(Side B)

合わせやすい色の柄ものと、派手めな無地はおすすめの組み合わせ。使いやすく、おしゃれに見えます。

15
ペットボトルみたいな長いものを入れるバッグ

作り方 p.92

ペットボトルや水筒を気軽に入れて持ち歩けるバッグと思って作りましたが、縦長の形が意外にかわいくて。スマホやお財布を持ち歩くプチバッグとしてもおすすめです。

(Side A)

(Side B)

チェックとストライプの組み合わせ。同じ色なので、よーく見ないとわからないところがさりげなくおしゃれ。くるっと巻きつけるひもは、ひっくり返すと中にかくれます。

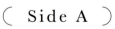

How to make

リバーシブルの布バッグの作り方

この本の作品はすべてリバーシブル仕立てです。
ジグザグミシンやロックミシンを使わず、接着芯も貼りません。
A布、B布と2種類の布を用意し、それぞれで袋布を作り、2枚を縫い合わせ、返し口からひっくり返す「どんでん返し」の方法で作るのが特徴です。
作り始める前に下記のことを参照してください。

◎図中の数字の単位はすべてcmです。
◎裁ち合わせ図の↕は布の縦地を表しています。
◎裁ち合わせ図の寸法通りに型紙を作るか、または直接布に線を引いて裁断してください。カーブやダーツ、円などは実物大型紙もあるので、コピーをするか薄い紙に写し取って使うと便利です。
◎印つけはチョークペーパーやチャコペン、消えるマーカーなどを使用し、布の裏面につけます。手慣れている方は印をつけずにステッチ定規をミシンに取りつけ、寸法通りに縫うと手早く縫うことができます。合印の箇所はノッチ（縫い代に0.3cm程度の切り込み）を入れます。
◎ミシン糸は60番を使用しています。ミシン針は #11（普通地用）を使用。綿ローンなどの薄地は#9を使うときれいな縫い目になります。
◎縫い始めと縫い終わりは必ず2～3目返し縫いをして、ほどけないようにします。力がかかるポケット等は特にしっかりと。

本書で使用した布

p.6-9	C&Sコットンパピエストライプ サックス7mm C&S sunnydayscheck カフェオレ×ホワイト13mm／[A]
p.10-11	リバティ・ファブリックス ラセンビィ・コットンPARK PALS リバティ・ファブリックス ラセンビィ・コットンMarguerite Land neon／[B]
p.12-13	ソレイアード オックス ムーシュ×ロビン ブルー ソレイアード ラ・プティット・ムーシュ／[B]
p.14-16	11号帆布プリント ドット ブラック 11号帆布プリント ドット ホワイト／[B]
p.17	C&S 力織機で織ったコットン パステルグリーン C&S 力織機で織ったコットン フェアリーピンク／[A]
p.18-19	インド綿アフリカンプリント 高密度綾ダンプ ピンク／[B]
p.20-21	リネン60%の薄手のしなやかデニム C&S 洗いざらしのハーフリネンダンガリー ブロックチェック ひよこ／[A]
p.22-23	C&Sコットンmarieflower petite 白に黒 C&Sドットミニヨン 白にダークブルー／[A]
p.24	V&A Arts and Crafts William Morris コットンシーチング いちご泥棒 高密度綾ダンプ イエロー／[B]
p.25	リバティプリント Fenton J24A ストーン地 リバティプリント Whistler J19A／[A]
p.26-27	C&S sunnydays コットン キャンディピンク C&S sunnydays check レッド×ホワイト／[A]
p.28	リバティ・ファブリックス ラセンビィ・コットン Fruit Silhouette リバティ・ファブリックス ラセンビィ・コットン Victoria Floral／[B]
p.29	リバティプリント GemJive BU レッド・パープル系 リバティプリント Isabel J09A グレイッシュピンク／[A]
p.30-31	C&S洗いざらしのハーフリネンダンガリーブロックチェック サックス C&S sunnydays コットン レモンイエロー／[A]
p.32	C&S sunnydayscheck ブルー×ホワイト C&S sunnydaysstripe ブルー×ホワイト／[A]

（布地提供）

[A] CHECK&STRIPE

[B] クラフトハートトーカイ（藤久株式会社）

◎作り方の材料欄では布幅を一律110cmに統一してあります。実際の布幅は違うことがあります。

◎布の種類や色は、売り切れおよび販売中止の場合があるのでご了承ください。

1　ふたつきのメッセンジャーバッグ

写真 p.6

（材料）

A布（コットン／ストライプ）…110cm幅×120cm
B布（コットン／ギンガムチェック）…110cm幅×120cm
60番ミシン糸…適量

（出来上がりサイズ）

縦36×横46×まち5～12cm

（裁ち合わせ図）

＊単位＝cm
＊○の中の数字は縫い代寸法。それ以外は1cmの縫い代をつけて裁つ

●A布

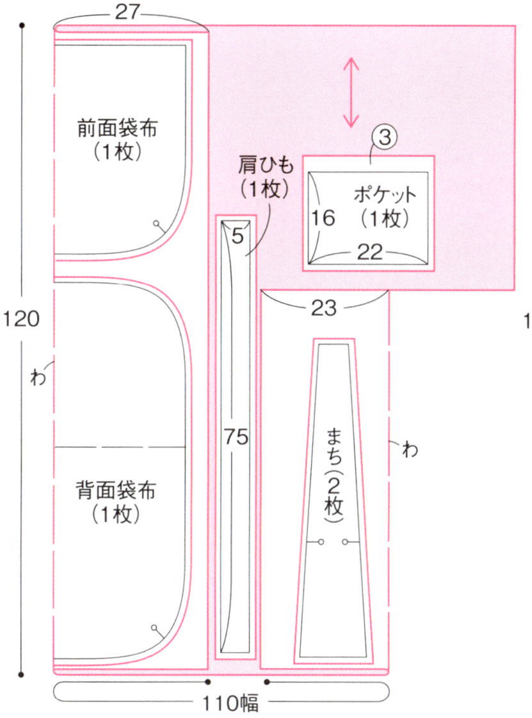

●B布　△＝チェック柄を合わせる

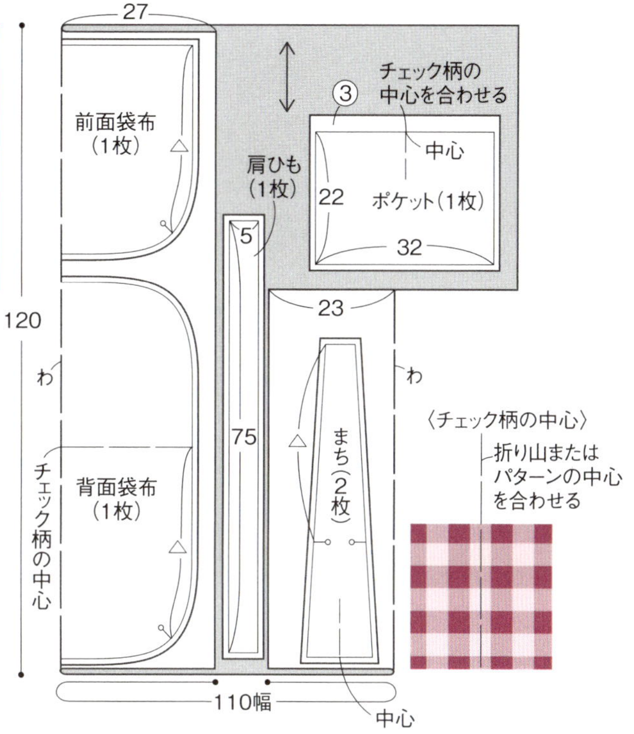

●寸法

※カーブ部分は実物大型紙（p.43）も参照

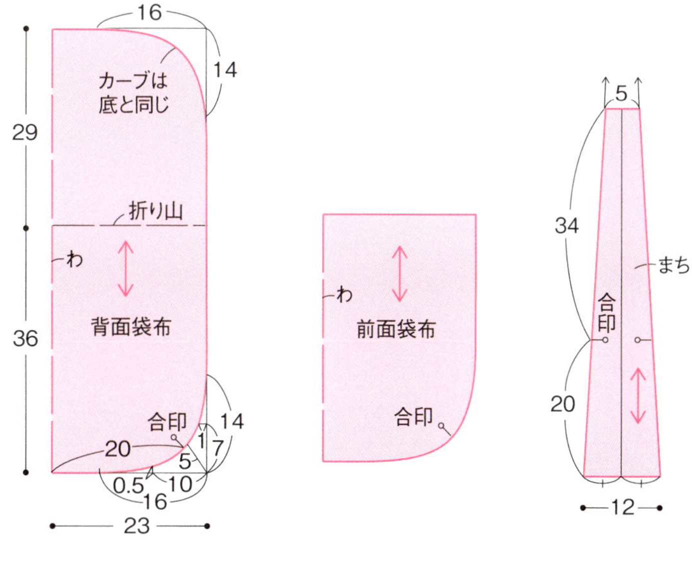

1.ポケットを作り、つける

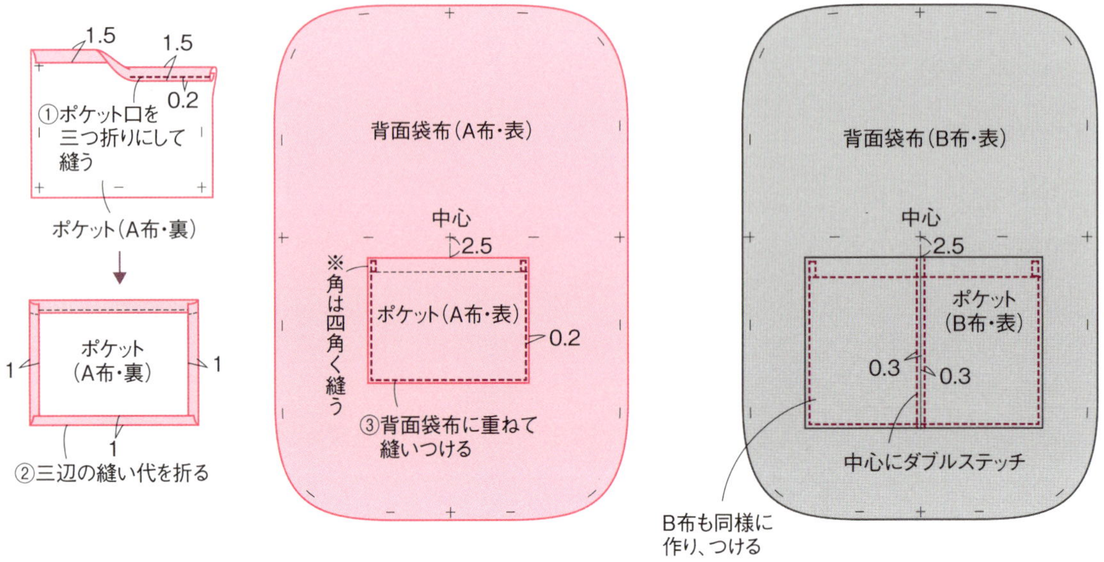

2.まちの底を縫い、前面袋布と縫い合わせる

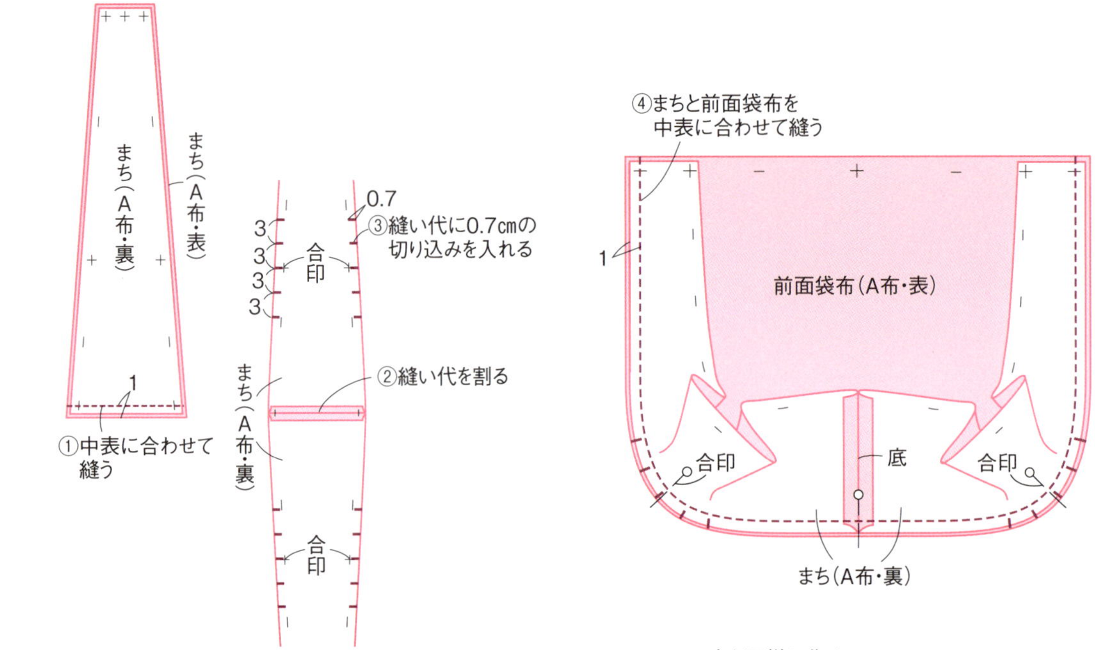

※B布も同様に作る

3.背面袋布と2のまちを縫い合わせる

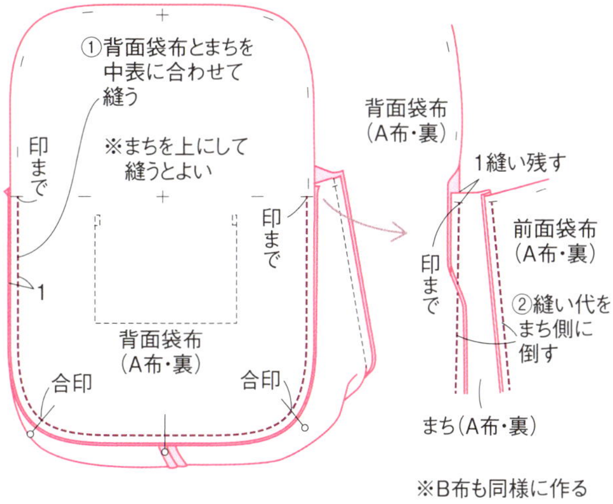

4.袋布（A布、B布）を合わせ、ふた部分を縫う

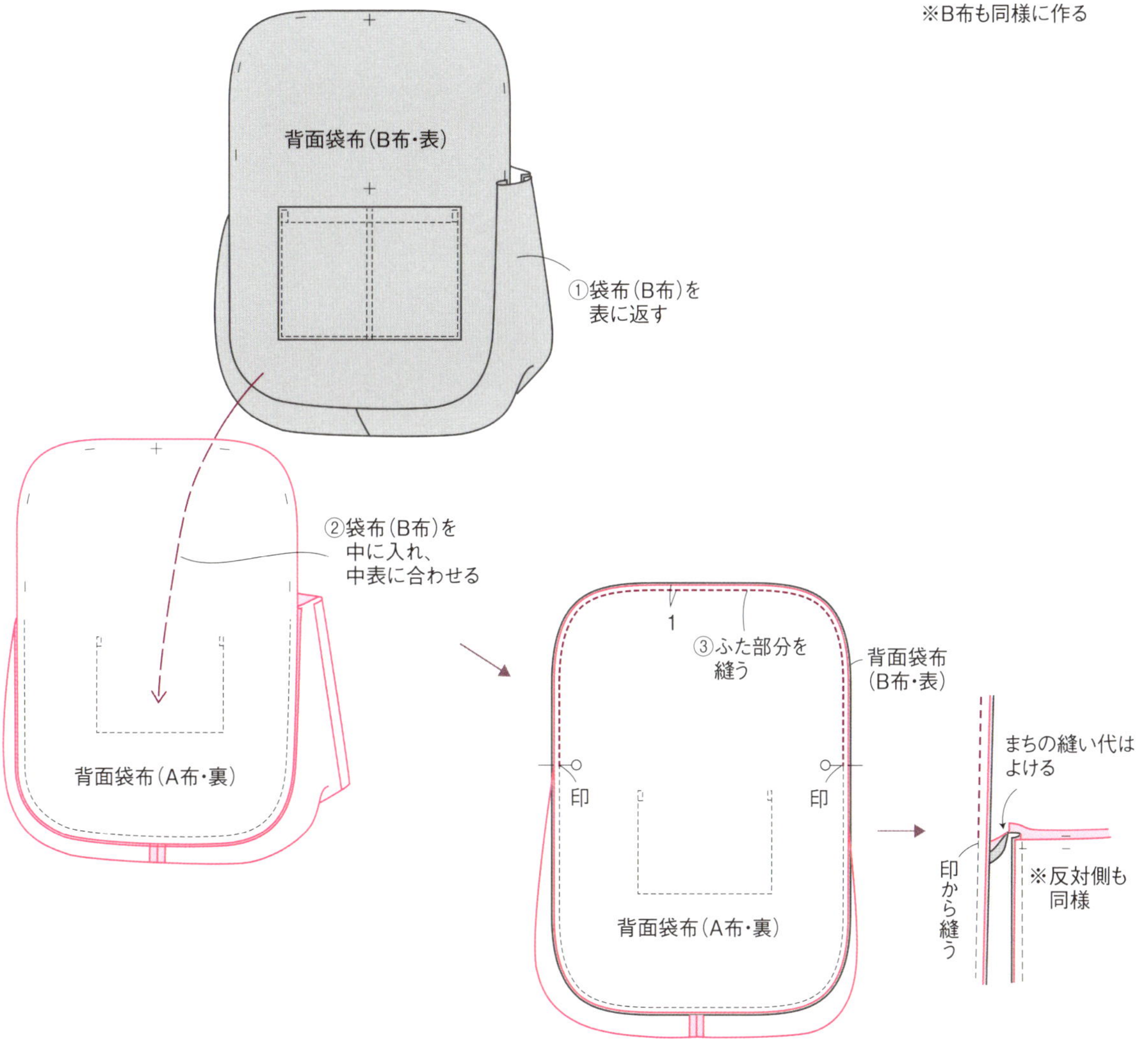

5.肩ひもを作る

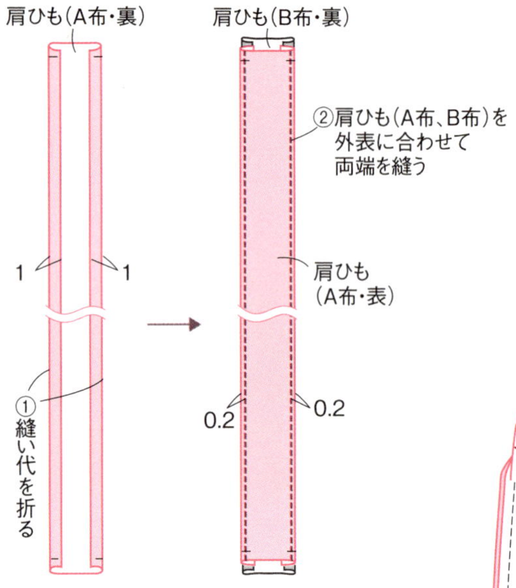

※B布も同様

6.肩ひもをはさんで袋口を縫う

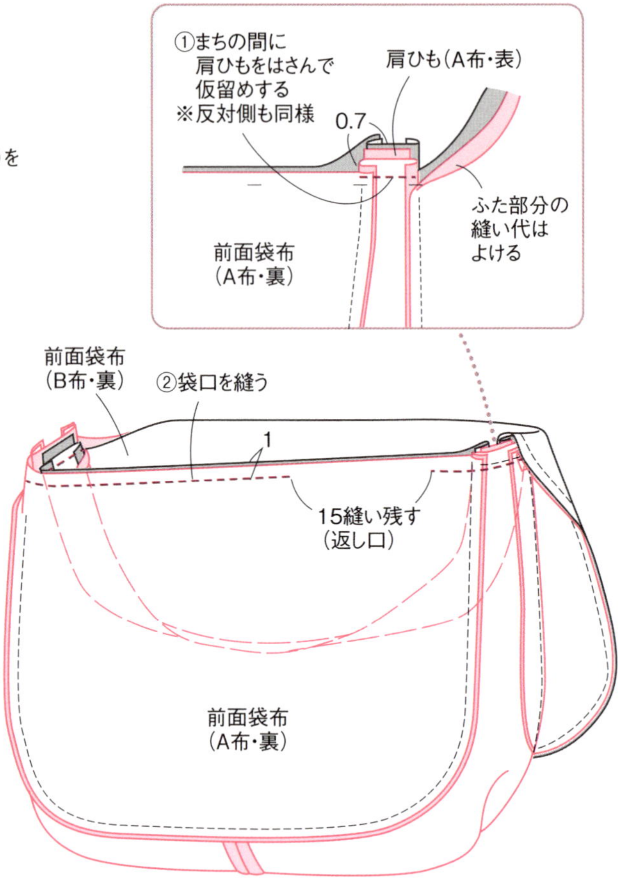

7.表に返して袋口にステッチ

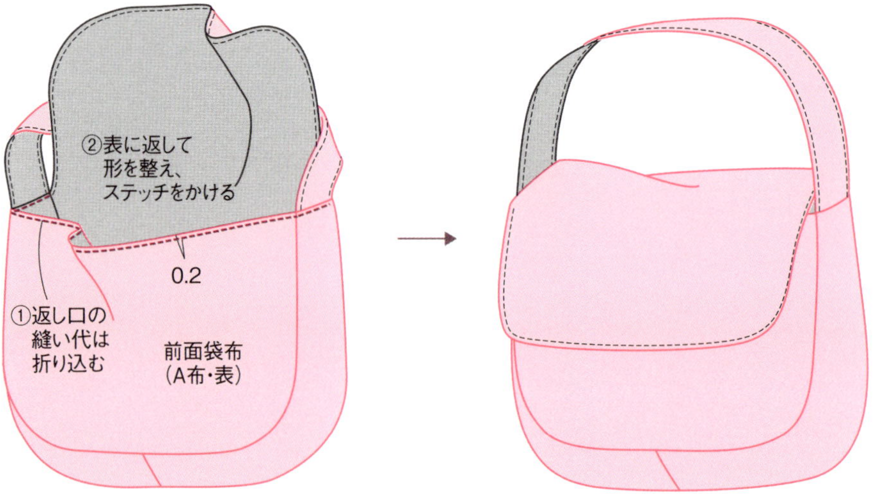

2 ひっくり返すときんちゃくになるナップザック

写真 p.10

（材料）

A布（コットン／ブルー系）…110cm幅×70cm
B布（コットン／ピンク系）…110cm幅×50cm
60番ミシン糸…適量

（出来上がりサイズ）

縦40×横32cm

（裁ち合わせ図）

＊単位＝cm
＊1cmの縫い代をつけて裁つ。ひも、布ループは縫い代なし（裁ち切り）

●A布

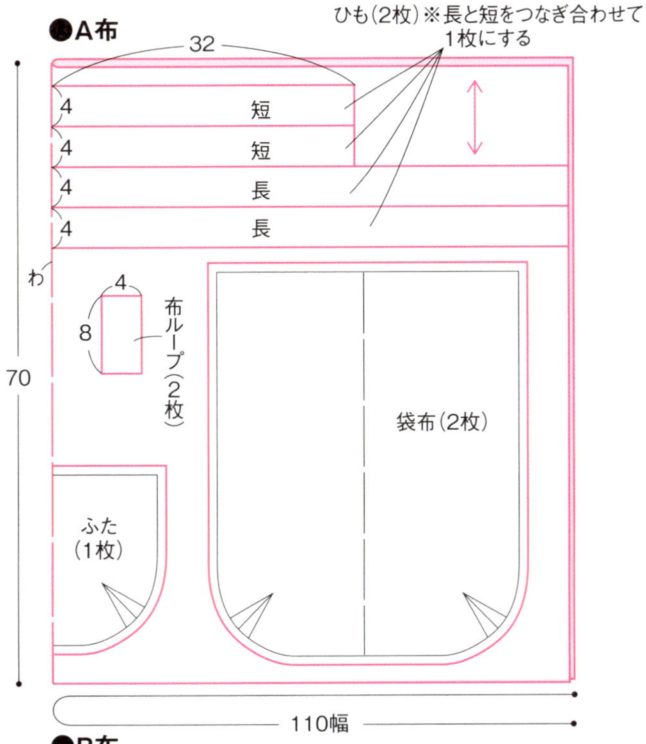

ひものつなぎ方

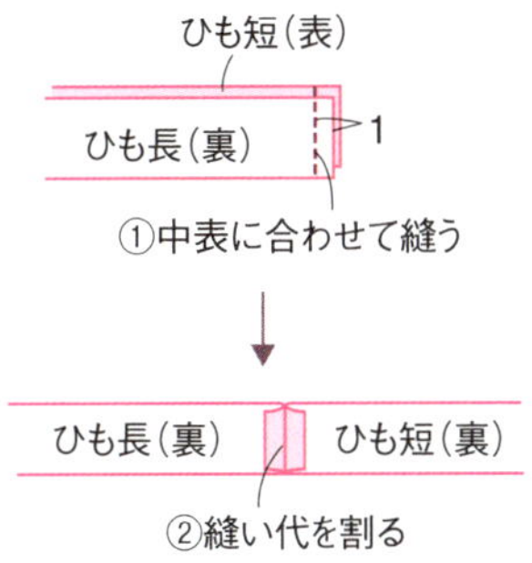

※2本作る

●B布

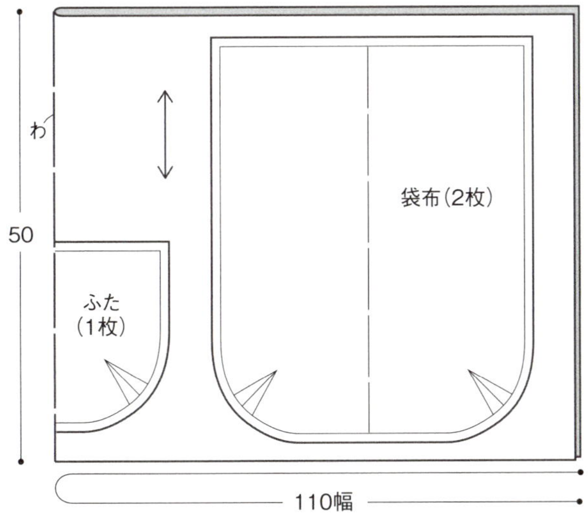

●寸法

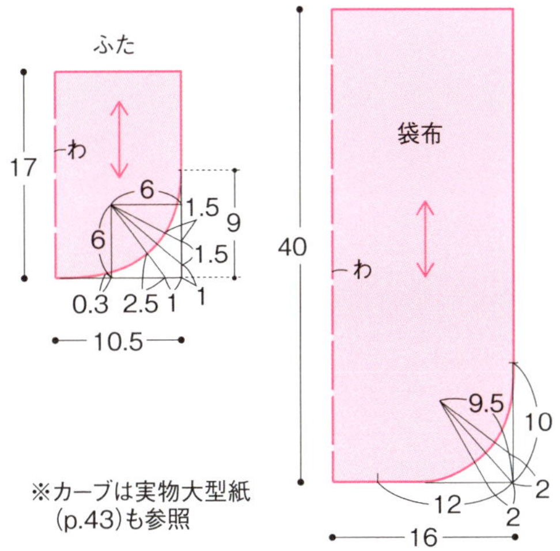

※カーブは実物大型紙
（p.43）も参照

1.ふたと袋布のダーツを縫う

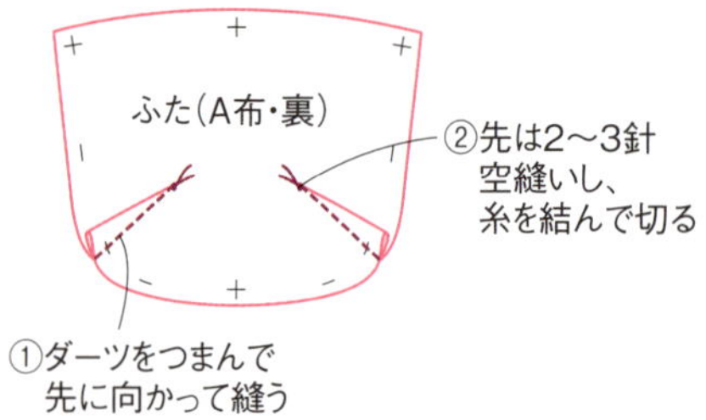

※ふた(B布)も同様に作る

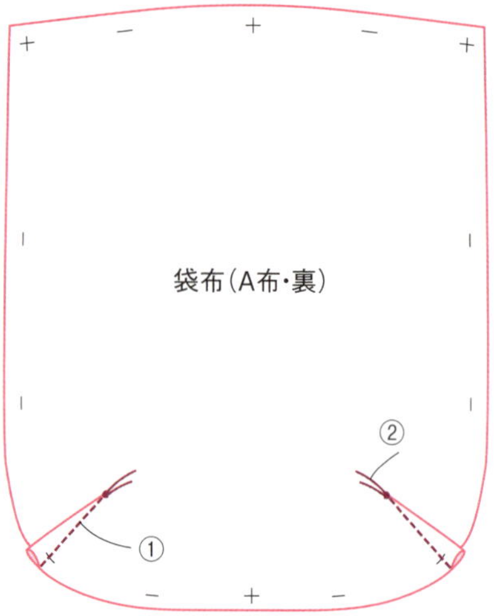

※袋布(A布、B布)4枚も同様に作る

2.ふたを作る

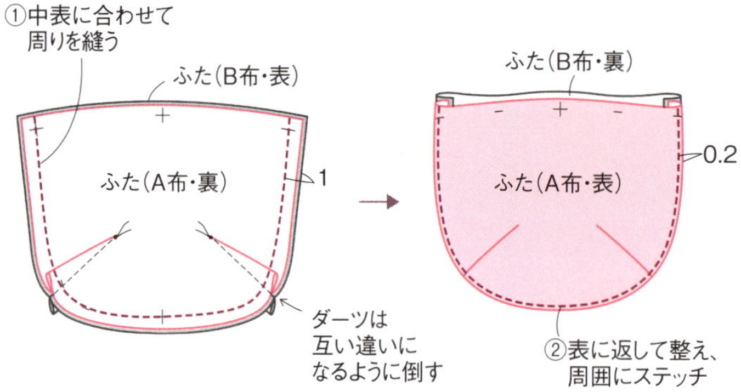

3.布ループを作る

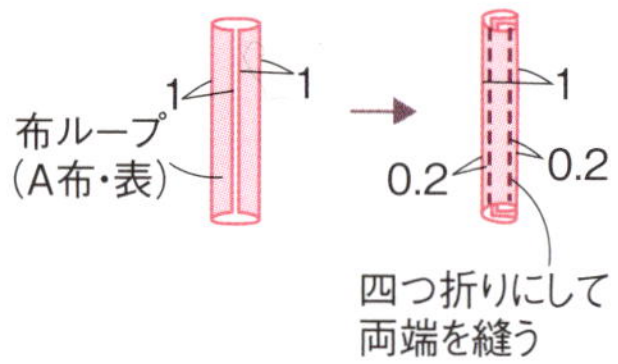

※2本作る

4.袋布(A布)にふたと布ループを仮留めする

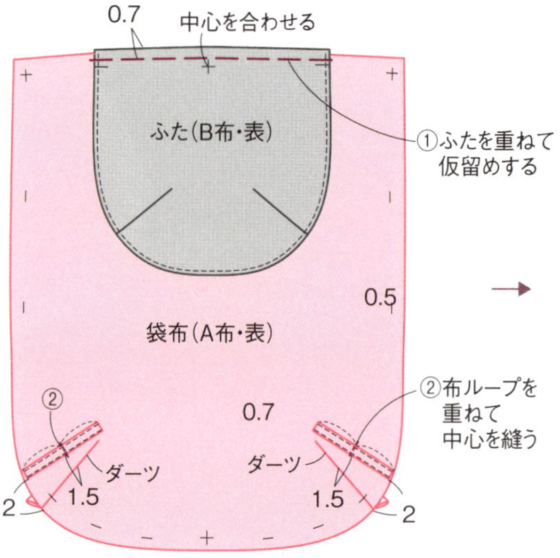

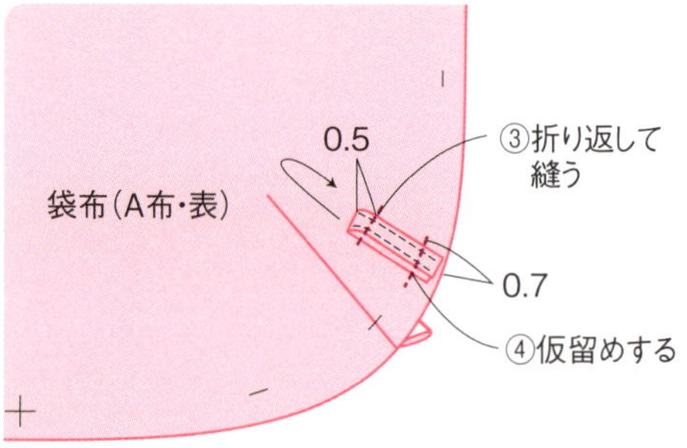

5.袋布（A布、B布）を作る

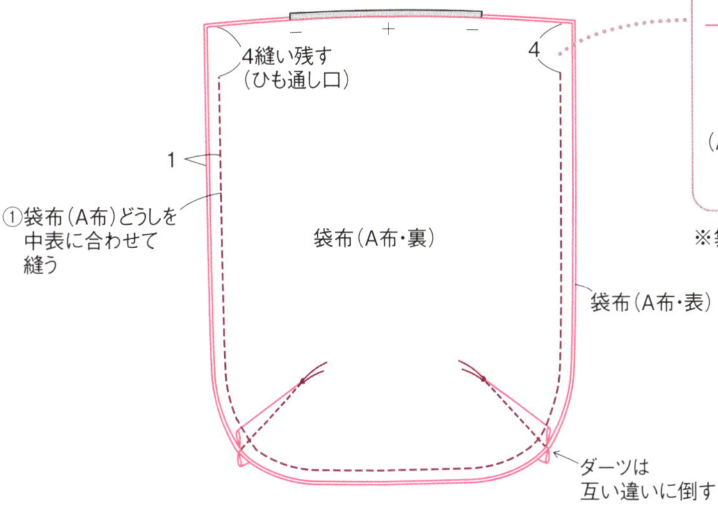

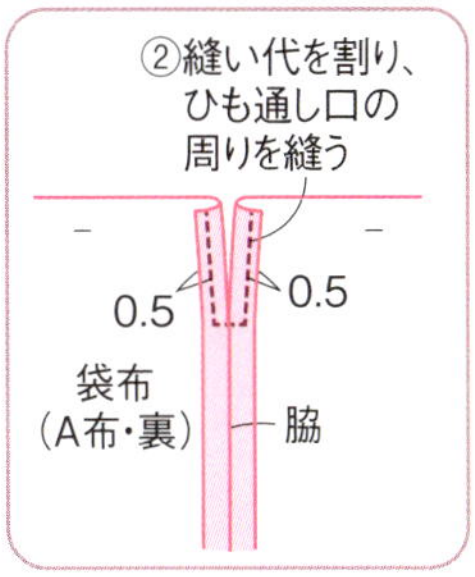

※袋布（B布）も同様に作る

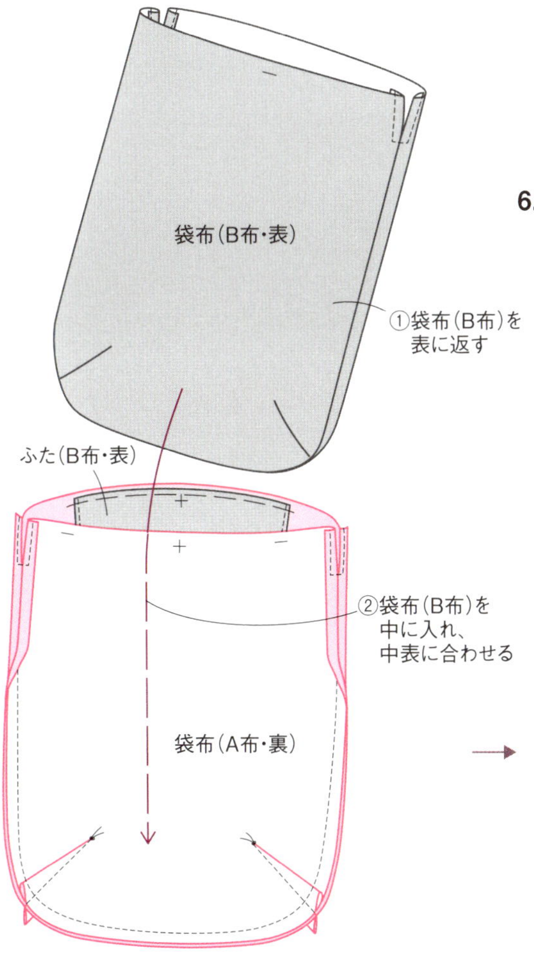

6.袋布（A布、B布）を合わせて袋口を縫う

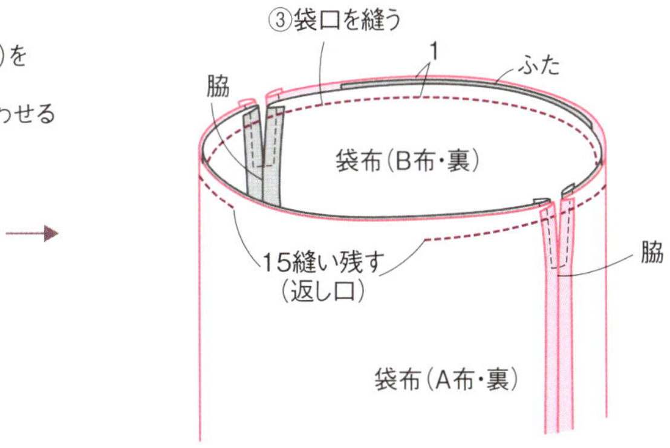

7.表に返してひも通し口を縫う

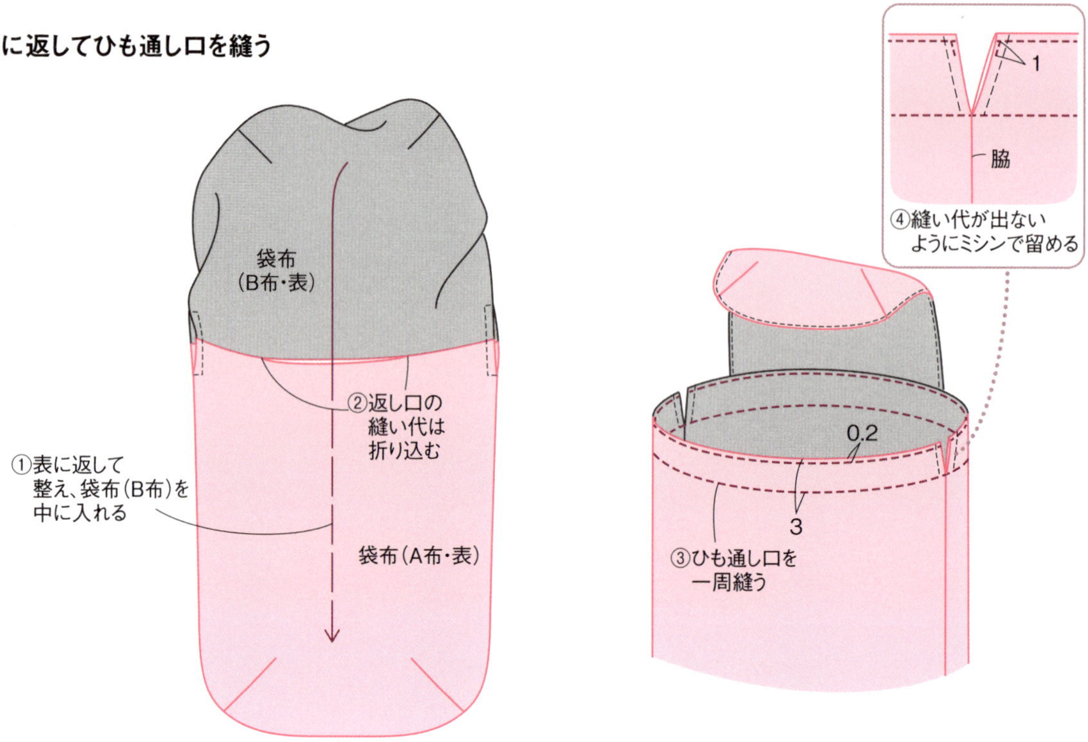

8.ひもを作り、通す

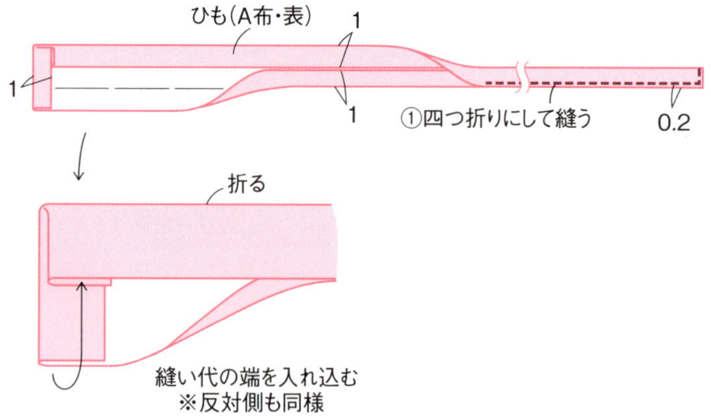

※2本作る

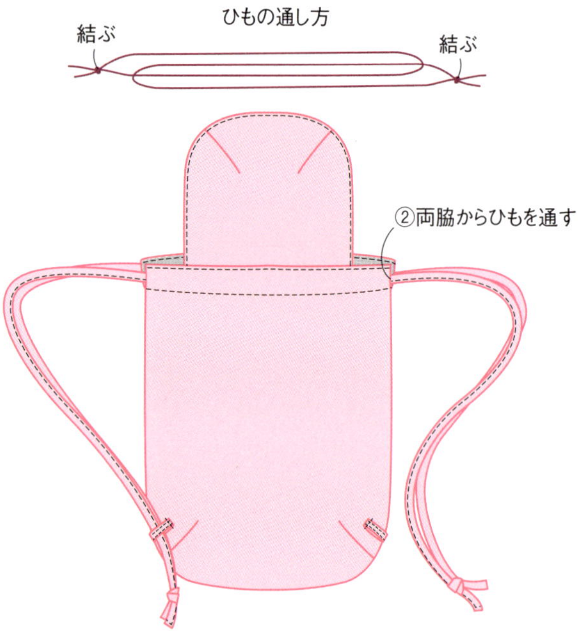

実物大型紙（カーブ部分）

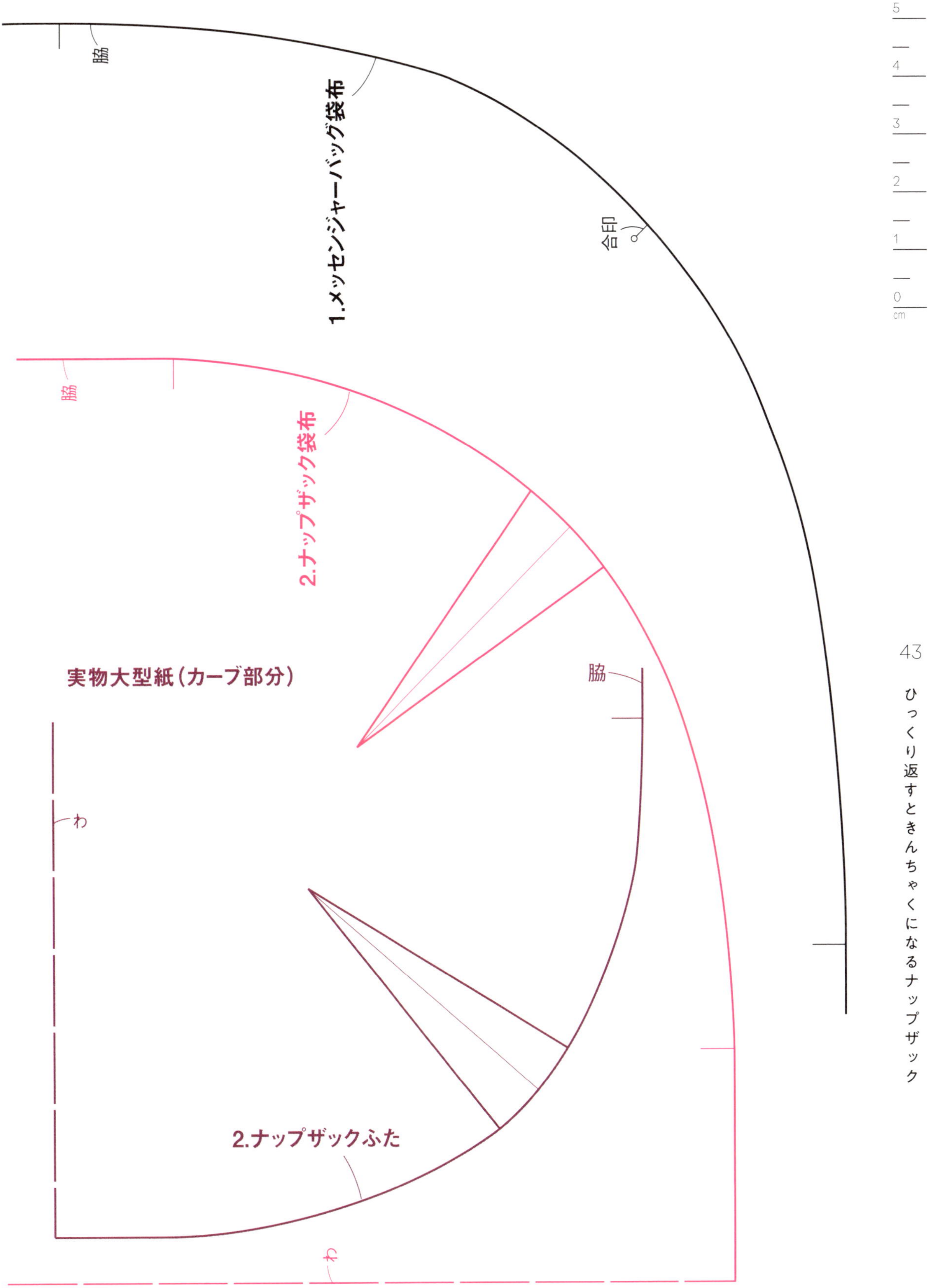

3 持ち手がふたつある大きめトート

写真 p.12

材料

A布（コットン／ストライプ）…110cm幅×110cm
B布（コットン／小紋柄）…110cm幅×110cm
60番ミシン糸…適量

出来上がりサイズ

縦42×横55×まち12cm

裁ち合わせ図

＊単位＝cm
＊○の中の数字は縫い代寸法。それ以外は1cmの縫い代をつけて裁つ

●A布

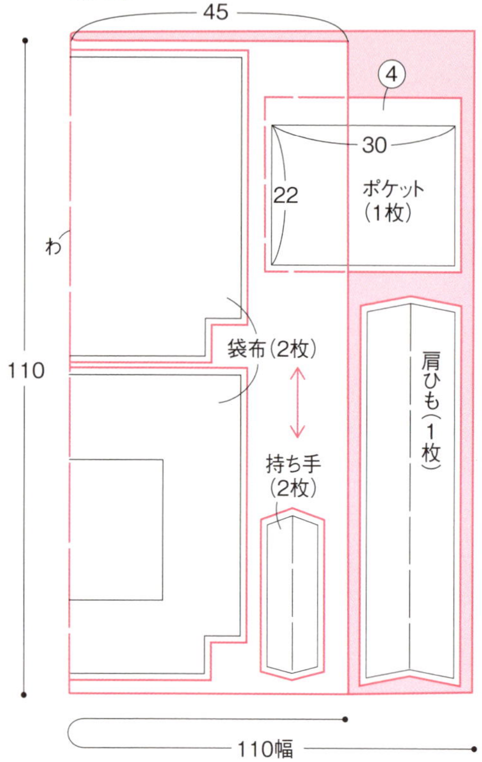

●B布

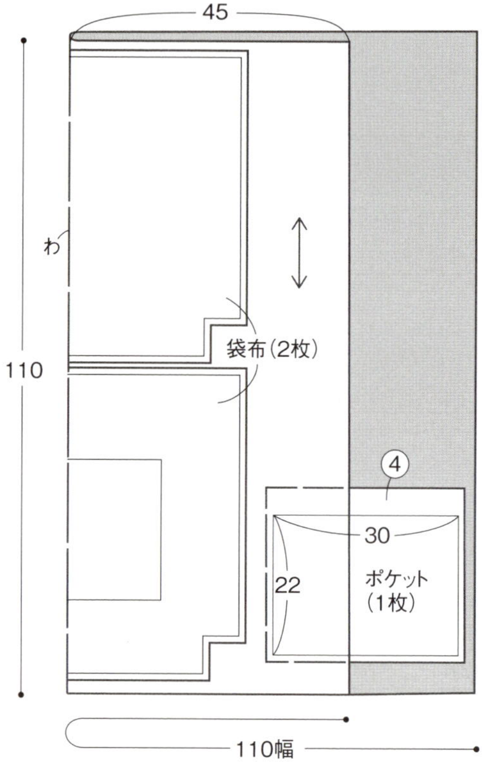

●寸法

持ち手

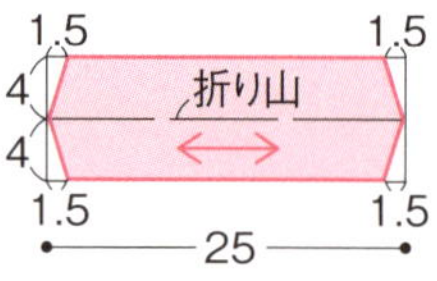

肩ひも

袋布

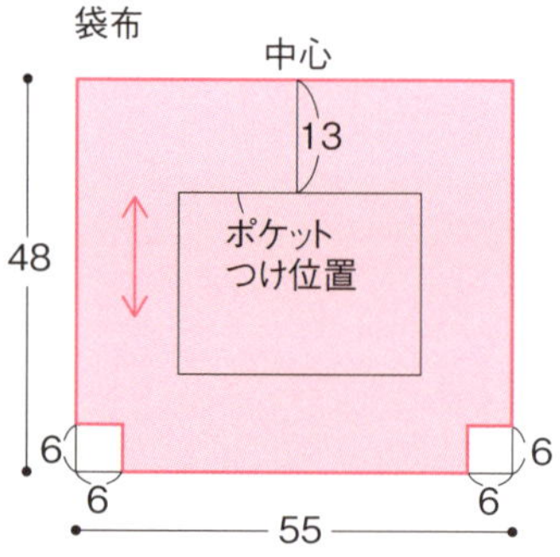

1.持ち手と肩ひもを作る

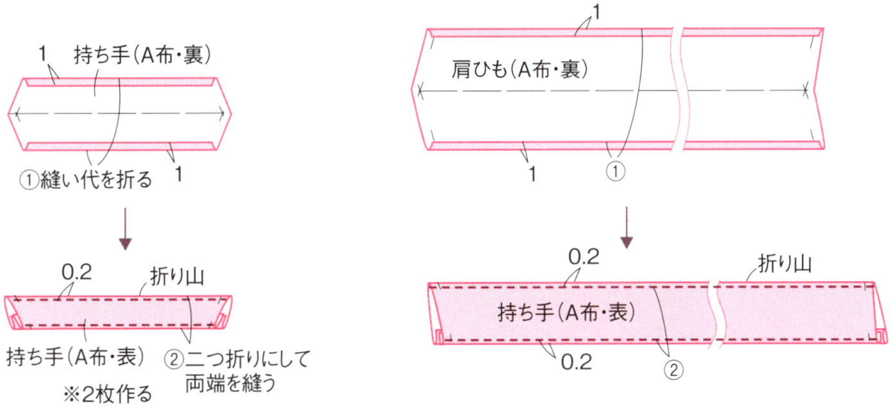

2.ポケット(A布、B布)を作る

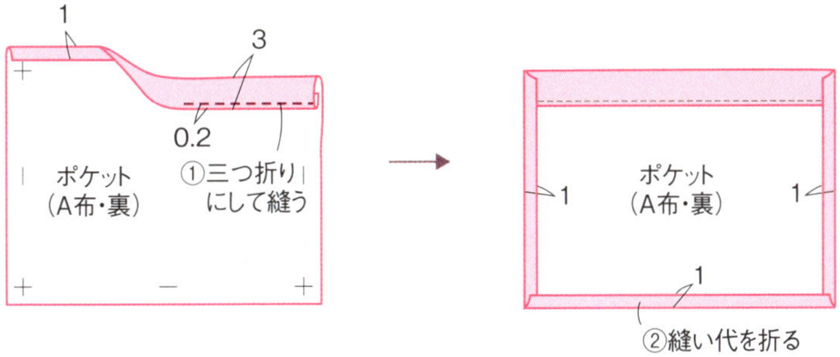

※B布のポケットも
同様に作る

3.袋布に持ち手、肩ひも(A布のみ)、
ポケット(A布、B布)をつける

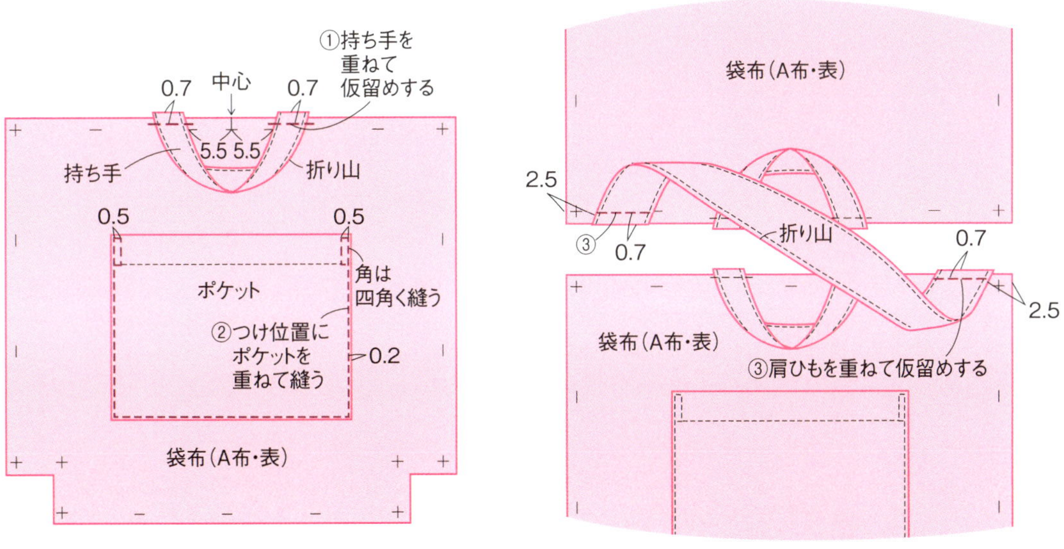

※袋布(B布)も②と同様にポケットをつける

4.袋布(A布、B布)を作る

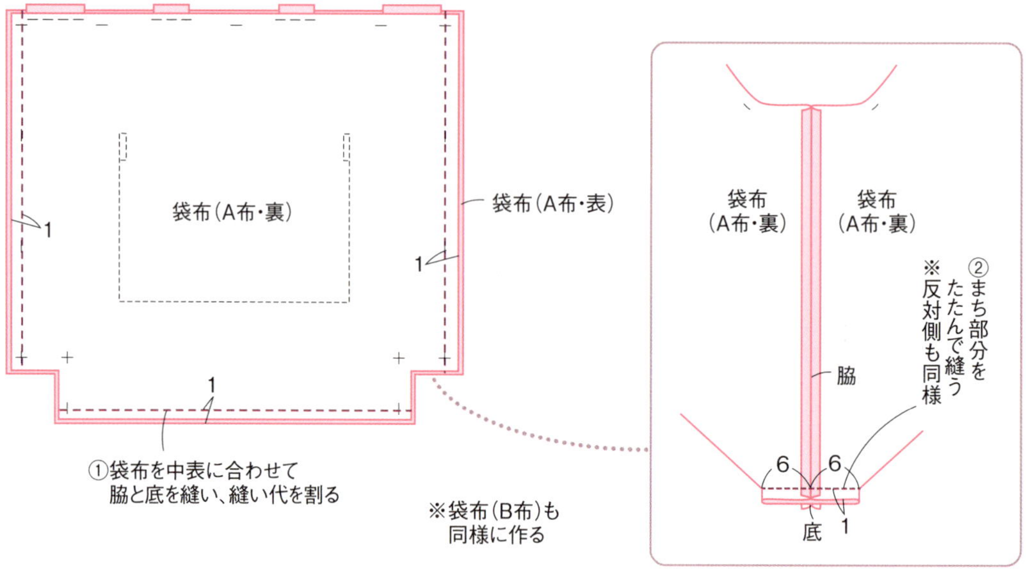

5.袋布(A布、B布)を合わせて袋口を縫う

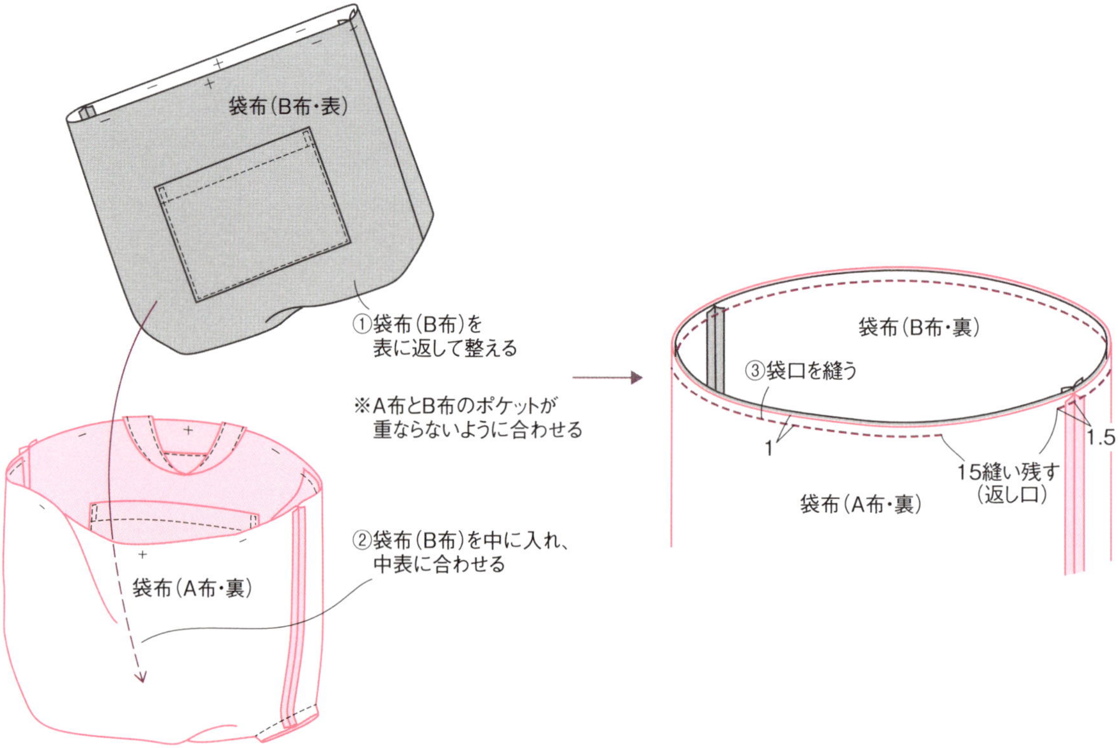

6.返し口から表に返す

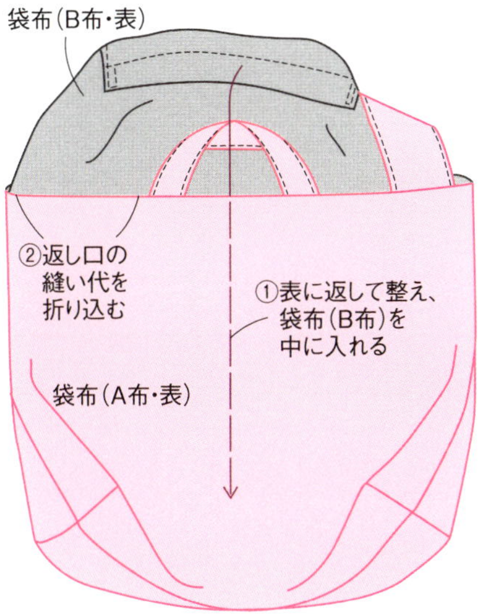

7.袋口にステッチをかける

4 持ち手の位置がおもしろいキューブバッグ

写真 p.14

(材料)

A布（帆布／黒地）…110cm幅×120cm

B布（帆布／白地）…110cm幅×120cm

60番ミシン糸…適量

(出来上がりサイズ)

縦35×横70×まち35cm

(裁ち合わせ図)

＊単位＝cm

＊1cmの縫い代をつけて裁つ

●A布

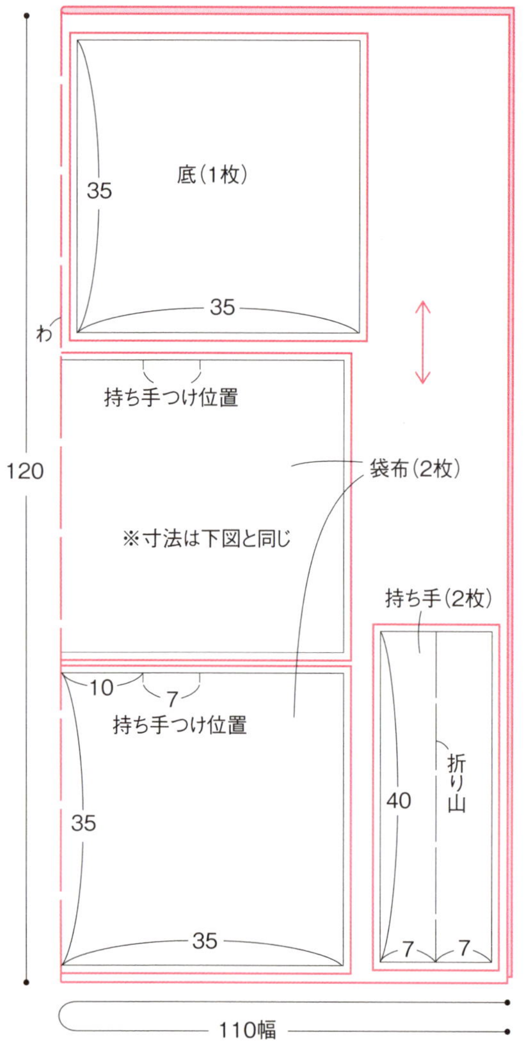

●B布

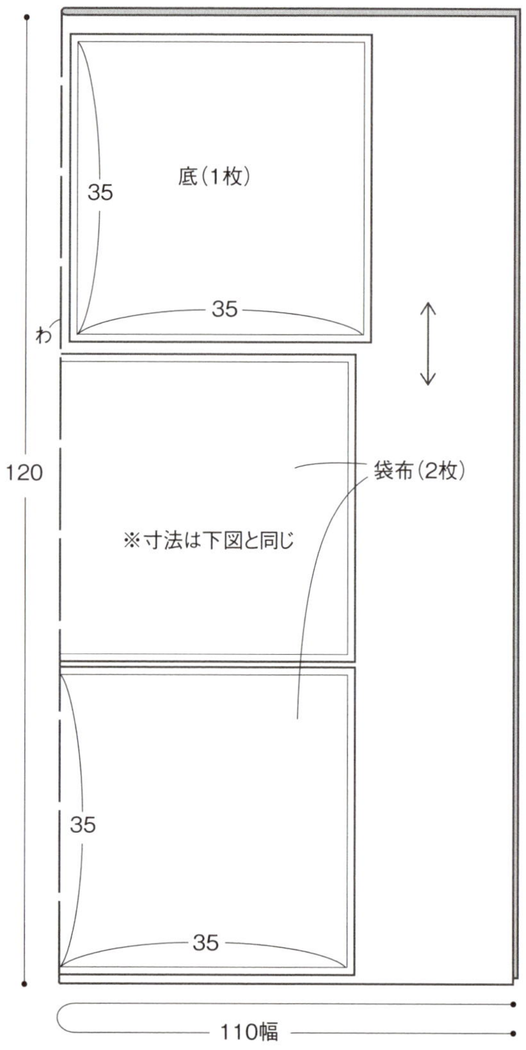

1.持ち手を作る

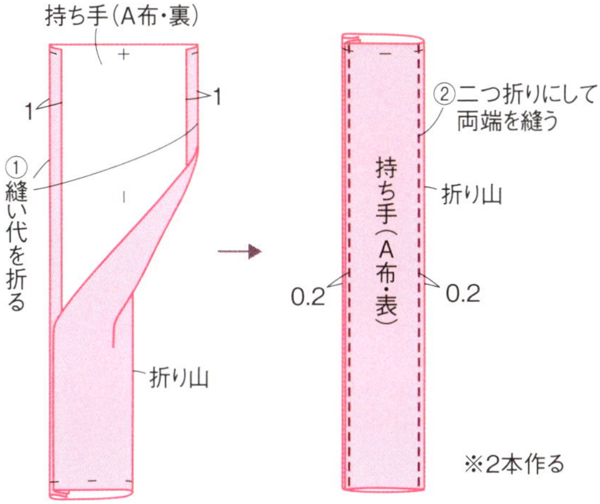

※2本作る

2.袋布(A布)に持ち手をつける

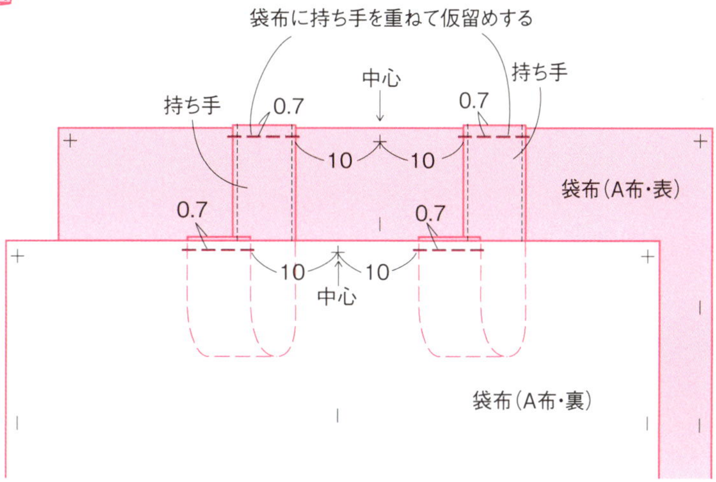

3.袋布(A布、B布)の脇を縫う

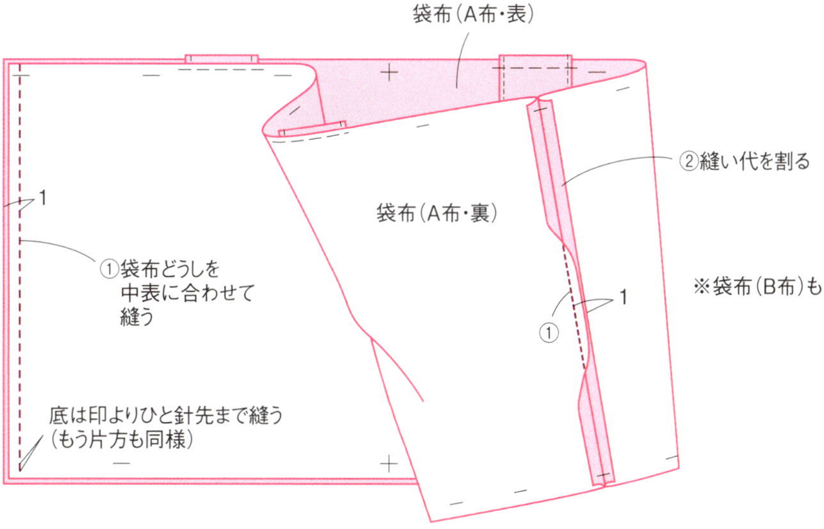

※袋布(B布)も同様に作る

4.袋布（A布、B布）に底をつける

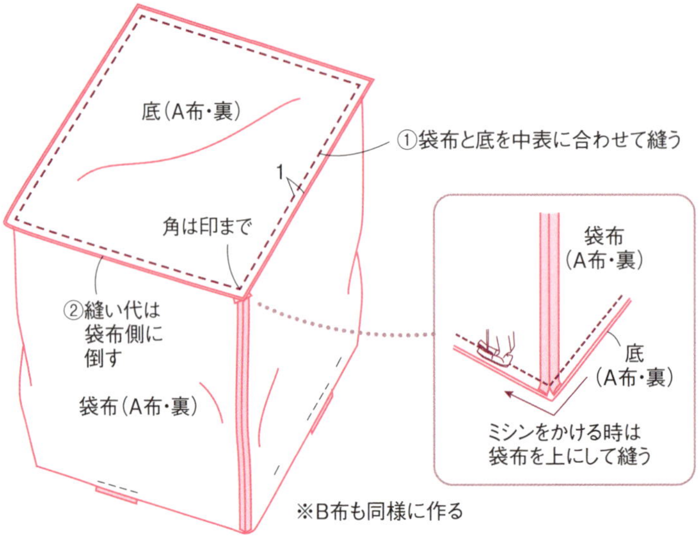

※B布も同様に作る

5.袋布（A布、B布）を合わせて袋口を縫う

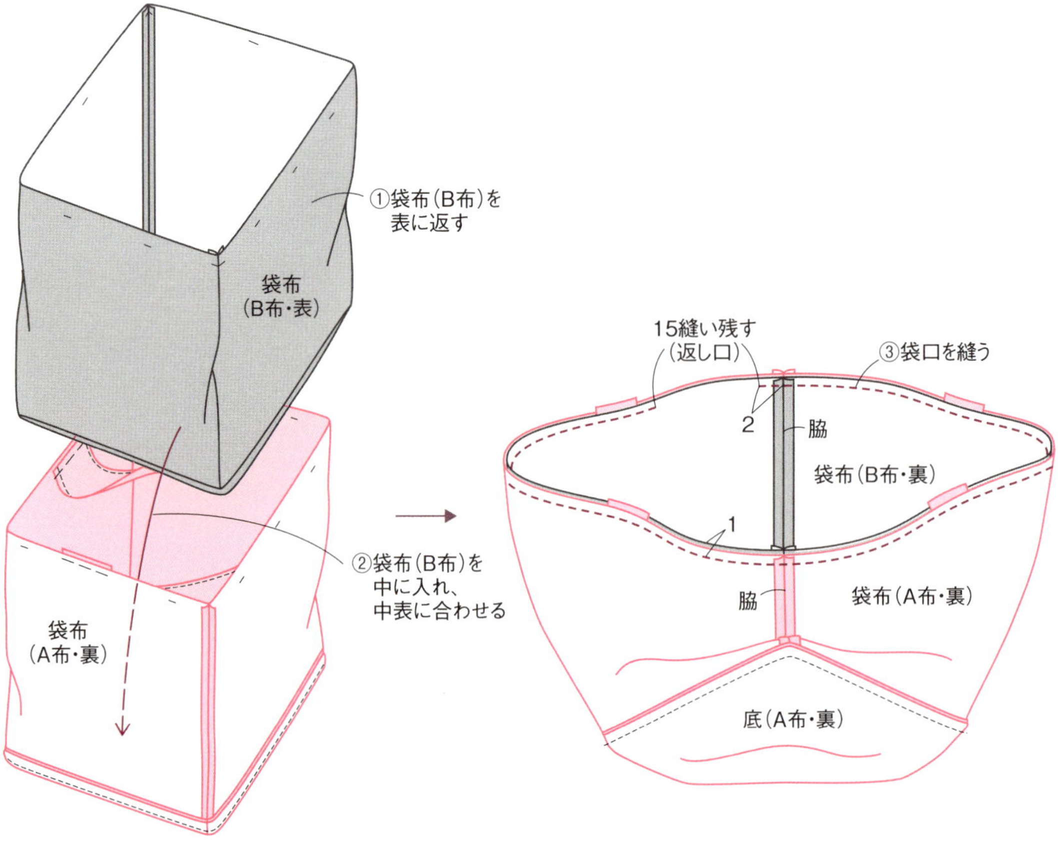

6.返し口から表に返す

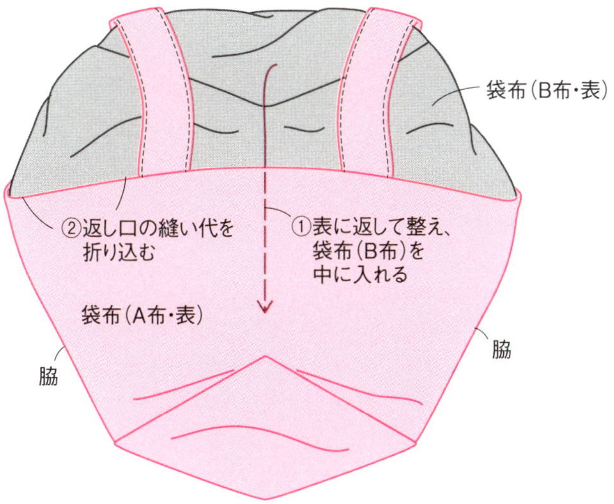

7.袋口にステッチをかける

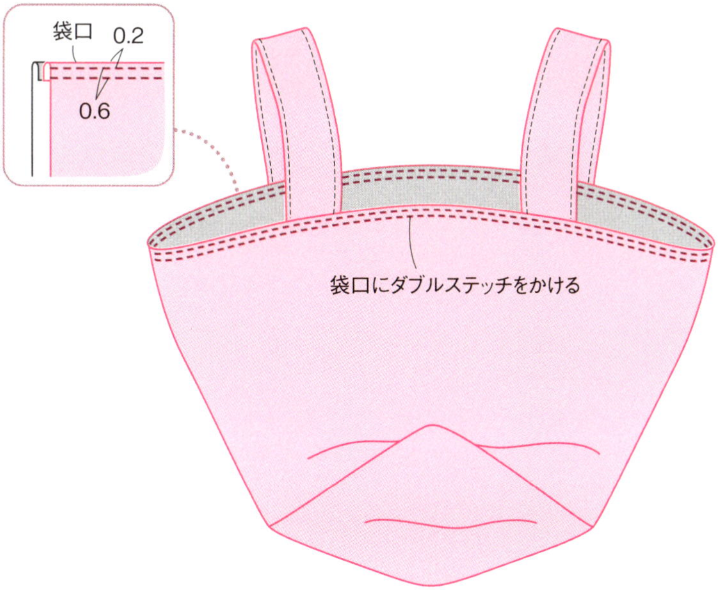

5 うわばき入れにもなるワイン入れ

写真 p.17

（材料）

A布（コットン／パステルグリーン）…110cm幅×55cm

B布（コットン／ピンク）…110cm幅×55cm

60番ミシン糸…適量

（出来上がりサイズ）

縦47×横22×まち11cm

（裁ち合わせ図）

＊単位＝cm

＊1cmの縫い代をつけて裁つ

●A布、B布共通

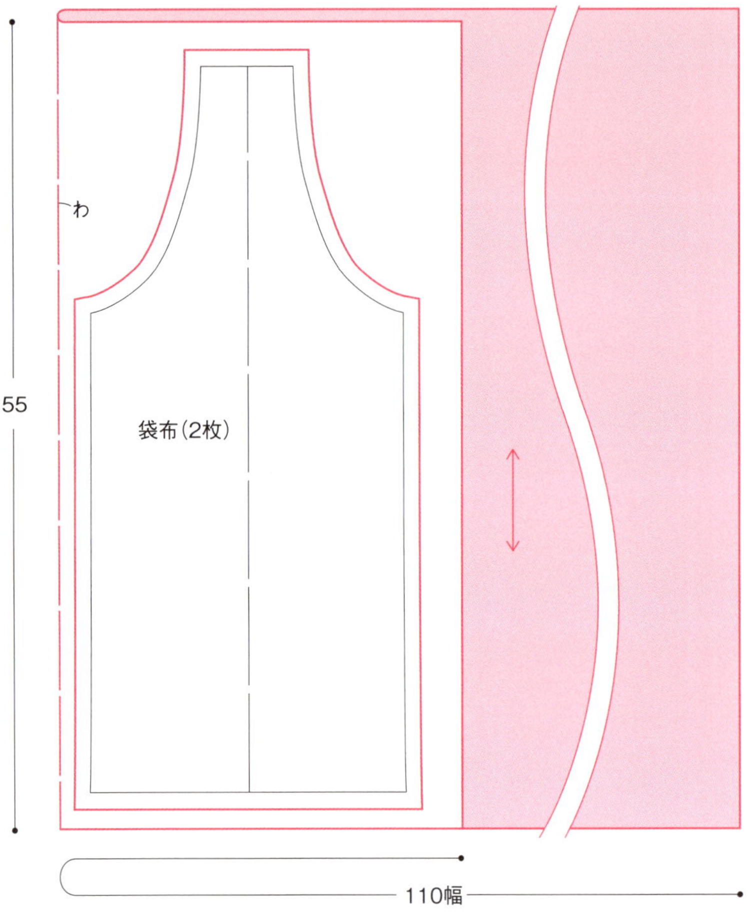

●寸法

※カーブ部分は
　実物大型紙（p.55）も参照

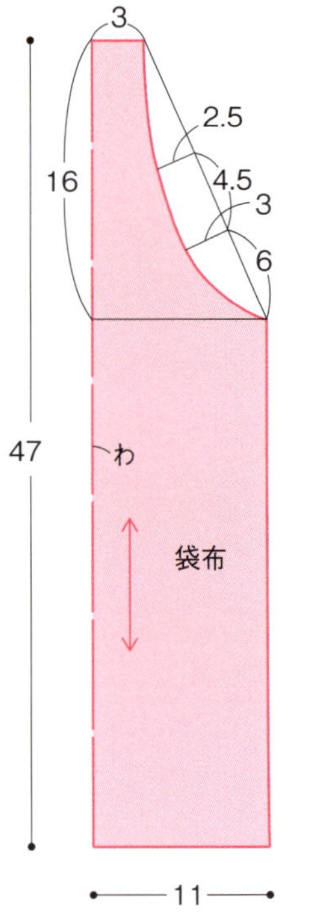

1.袋布（A布、B布）を作る

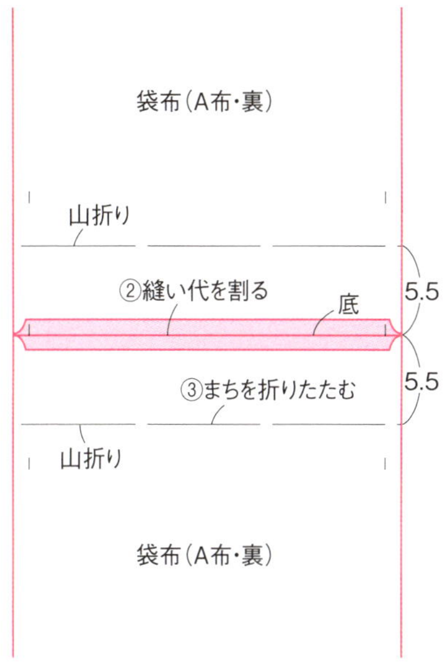

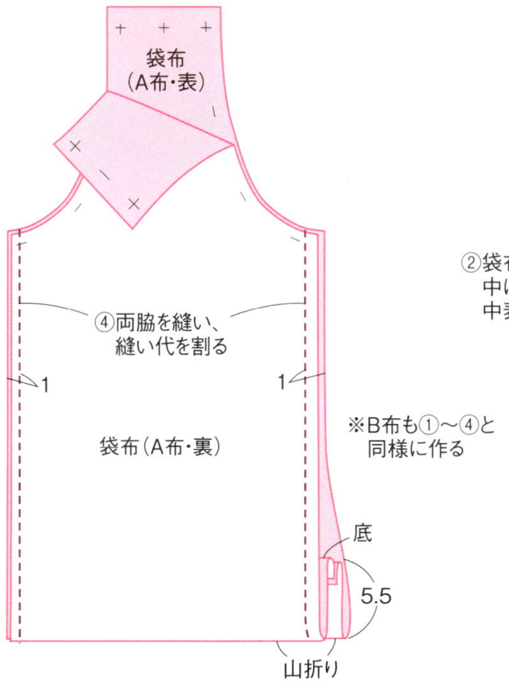

2. 袋布（A布、B布）を合わせ、持ち手部分を縫う

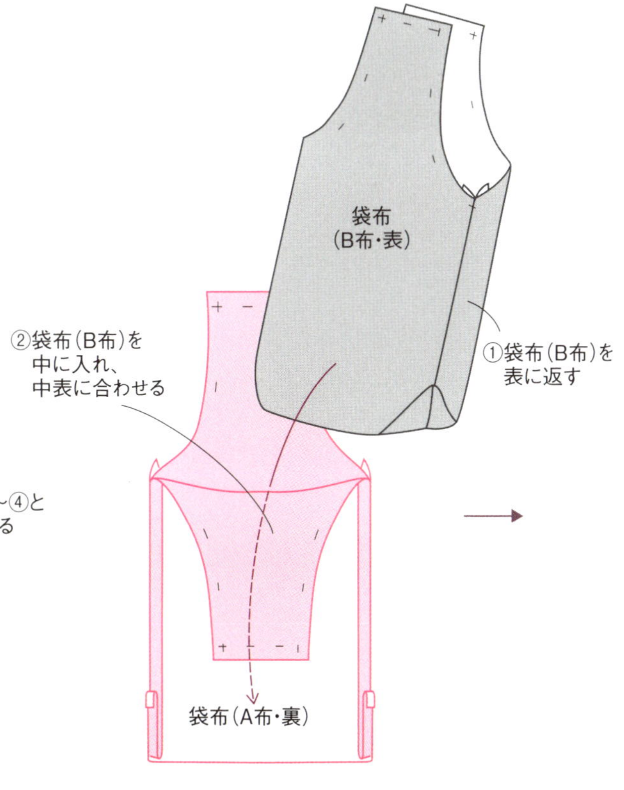

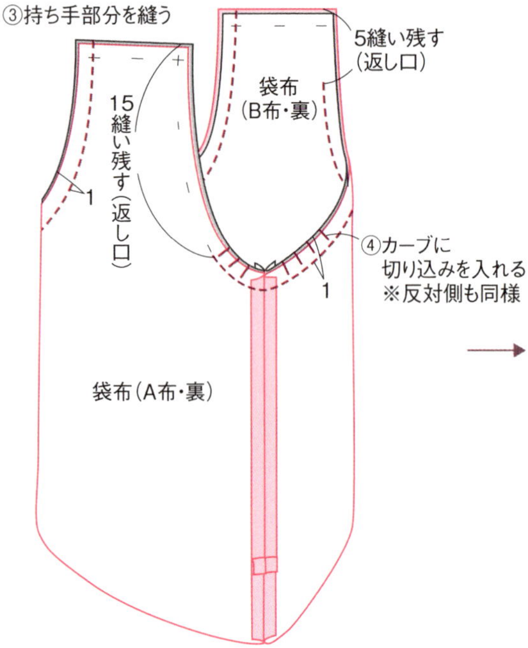
③持ち手部分を縫う
5縫い残す
（返し口）
袋布
（B布・裏）
15縫い残す（返し口）
1
④カーブに
切り込みを入れる
※反対側も同様
1
袋布（A布・裏）

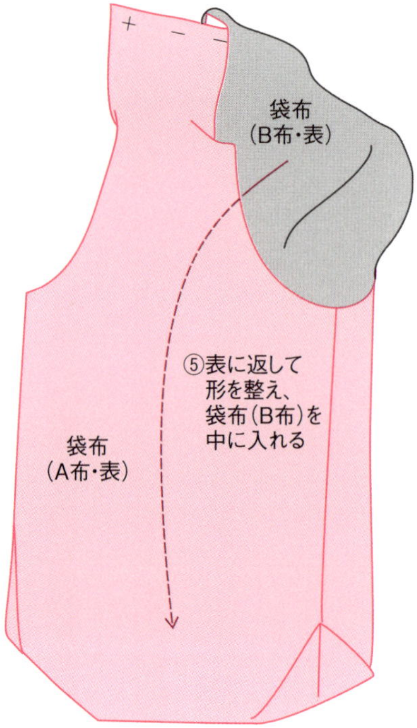
袋布
（B布・表）
⑤表に返して
形を整え、
袋布（B布）を
中に入れる
袋布
（A布・表）

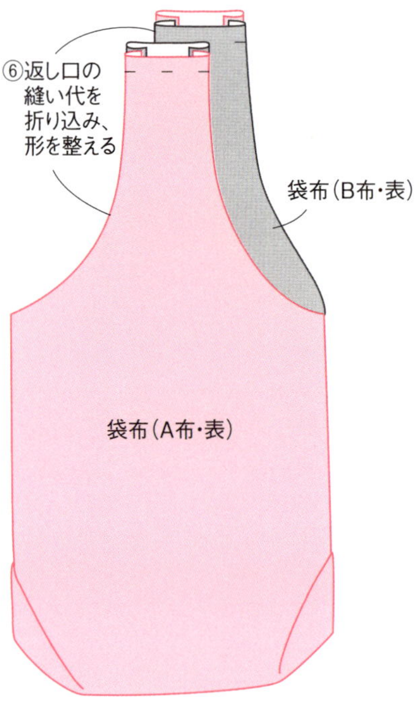
⑥返し口の
縫い代を
折り込み、
形を整える
袋布（B布・表）
袋布（A布・表）

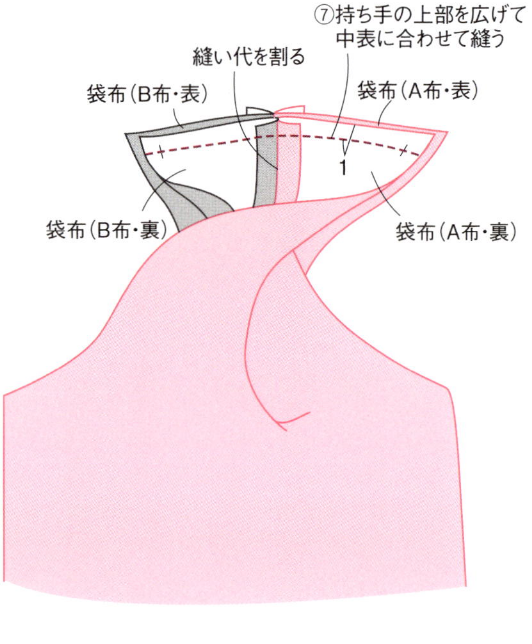
⑦持ち手の上部を広げて
中表に合わせて縫う
縫い代を割る
袋布（B布・表）
袋布（A布・表）
1
袋布（B布・裏）
袋布（A布・裏）

カーブの実物大型紙

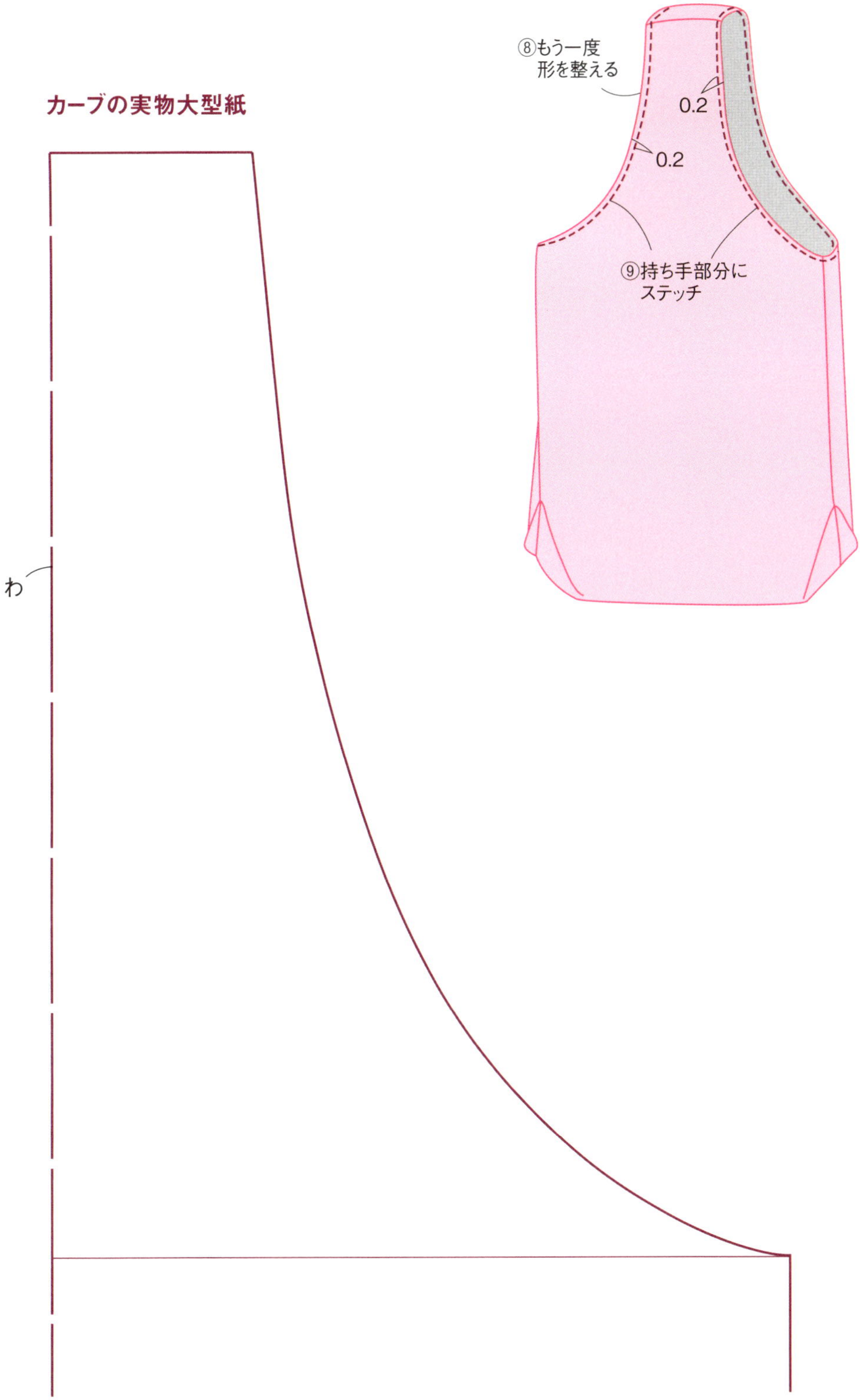

6 肩ひもを結んで使う巨大バッグ

写真 p.18

材料

A布（コットン／アフリカンプリント）…110cm幅×155cm
B布（コットン／ピンク）…110cm幅×150cm
60番ミシン糸…適量

出来上がりサイズ

縦68×横55×まち7～9cm

裁ち合わせ図

＊単位＝cm
＊1cmの縫い代をつけて裁つ

●A布

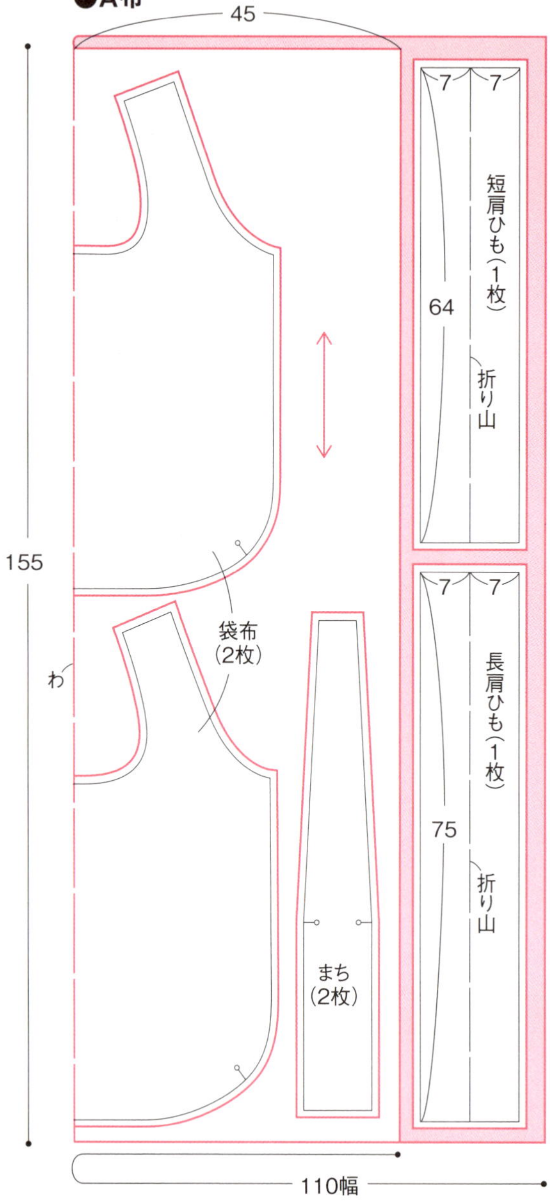

●B布

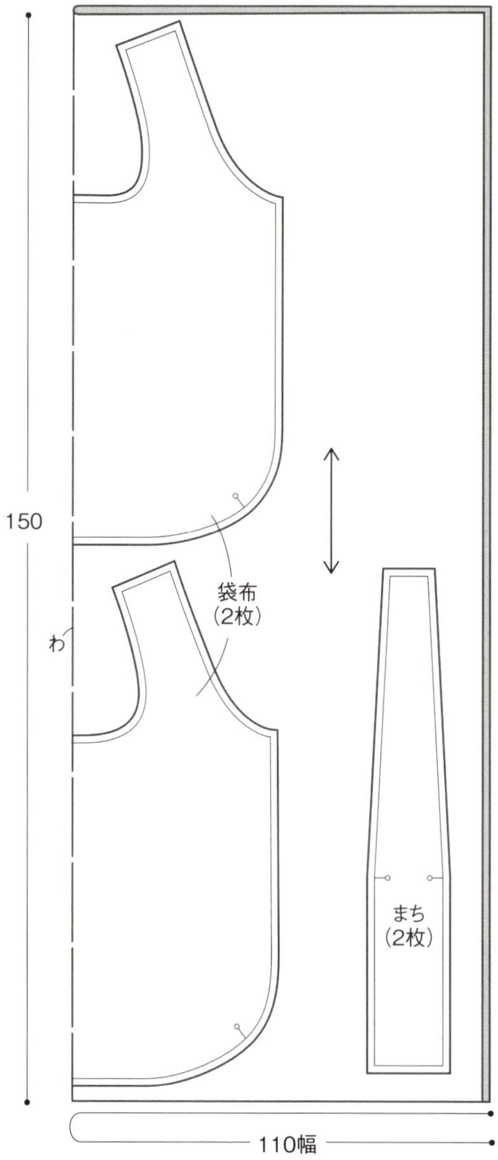

●寸法

※カーブa、b、cは実物大型紙(p.60)も参照

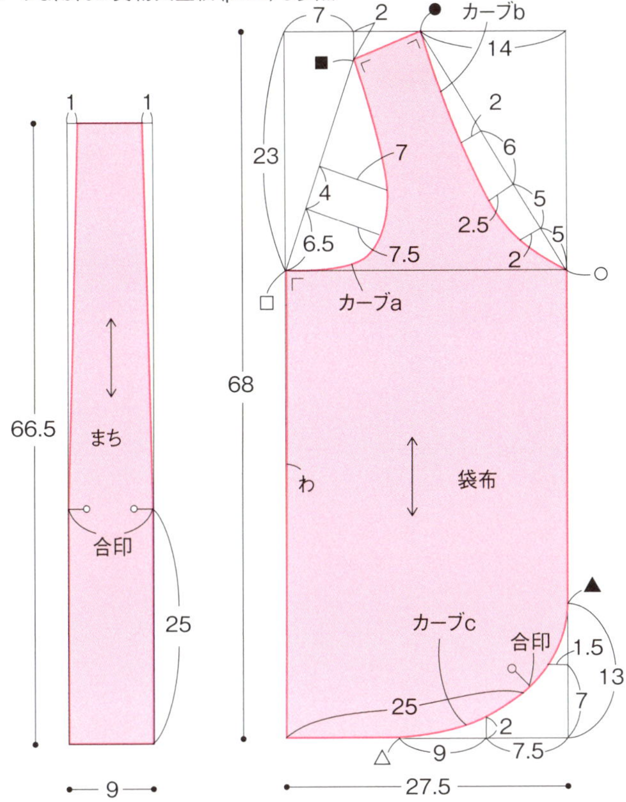

1.肩ひもを作る

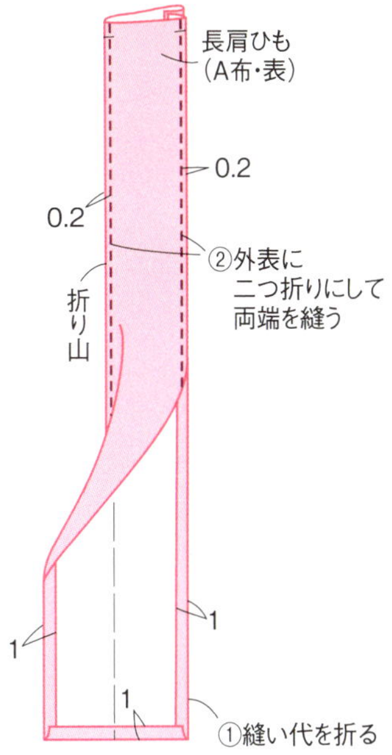

※短肩ひもも同様に作る

2.まちの底を縫う

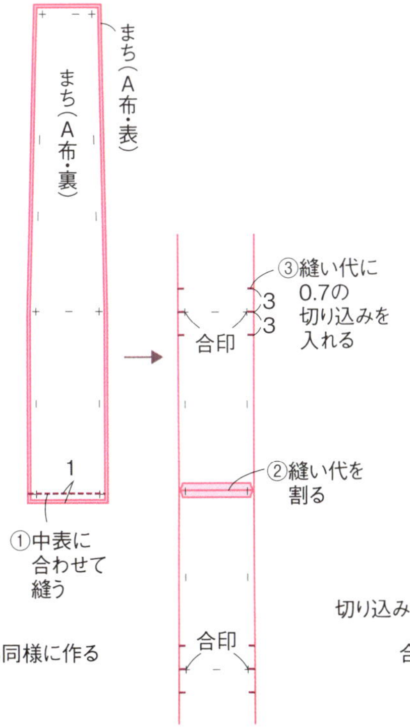

※B布も同様に作る

3.袋布とまち(A布、B布)を縫い合わせる

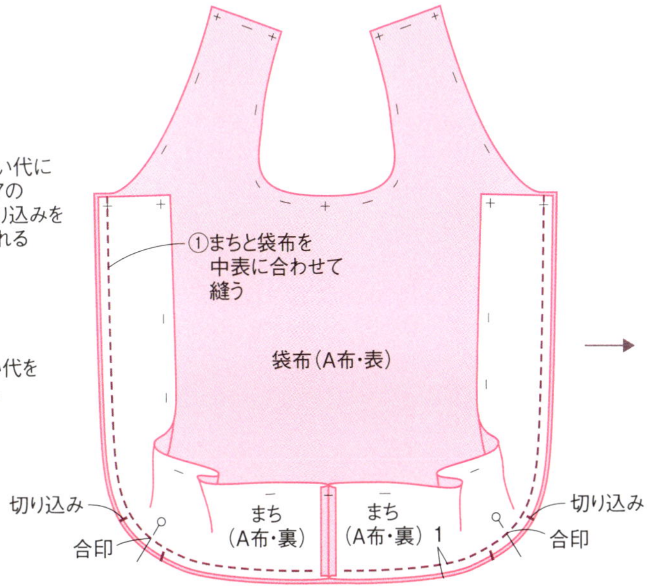

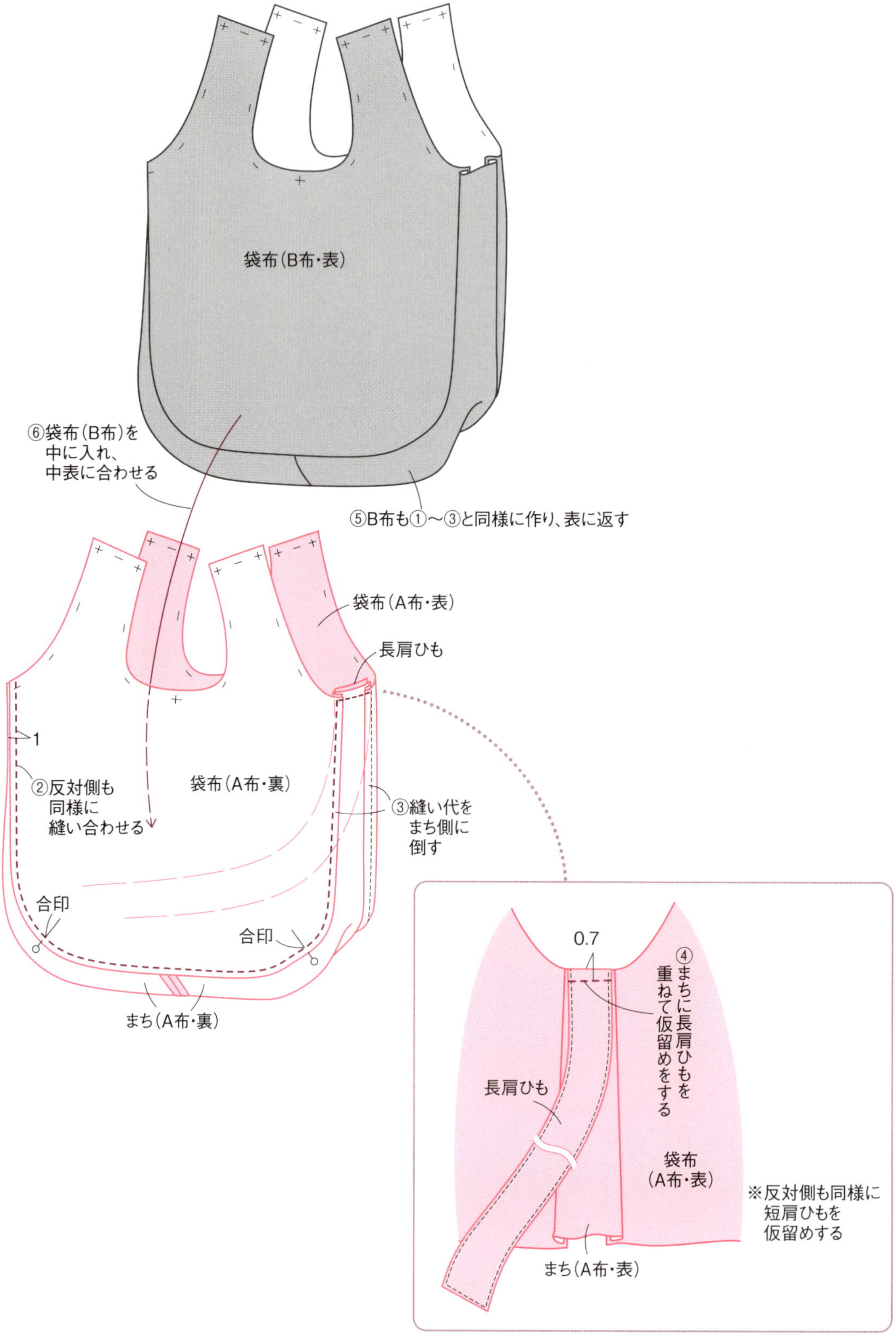

袋布（B布・表）
⑥袋布（B布）を
中に入れ、
中表に合わせる
⑤B布も①〜③と同様に作り、表に返す
袋布（A布・表）
長肩ひも
1
②反対側も
同様に
縫い合わせる
袋布（A布・裏）
③縫い代を
まち側に
倒す
合印
合印
まち（A布・裏）
0.7
④まちに長肩ひもを重ねて仮留めをする
長肩ひも
袋布
（A布・表）
※反対側も同様に
短肩ひもを
仮留めする
まち（A布・表）

4.持ち手部分を縫う

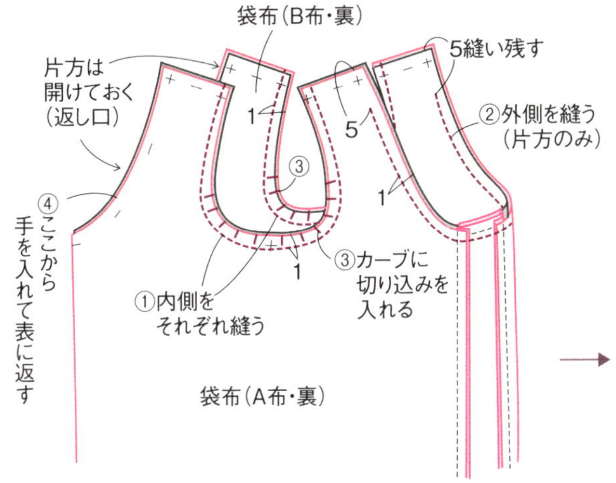
袋布(B布・裏)
片方は
開けておく
(返し口)
5縫い残す
②外側を縫う
(片方のみ)
1
5
③
1
④ここから手を入れて表に返す
1
①内側を
それぞれ縫う
③カーブに
切り込みを
入れる
袋布(A布・裏)

⑤先端を中表に合わせて
縫い、縫い代を割る
※もう片方も同様
1
袋布(A布・表)

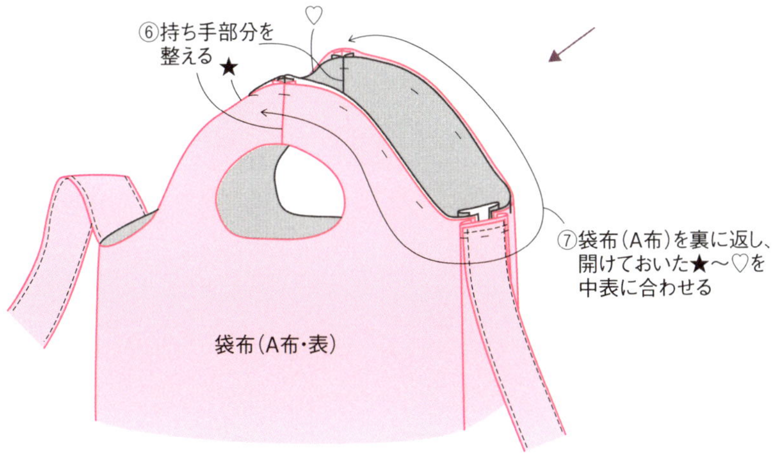
♡
⑥持ち手部分を
整える
★
⑦袋布(A布)を裏に返し、
開けておいた★～♡を
中表に合わせる
袋布(A布・表)

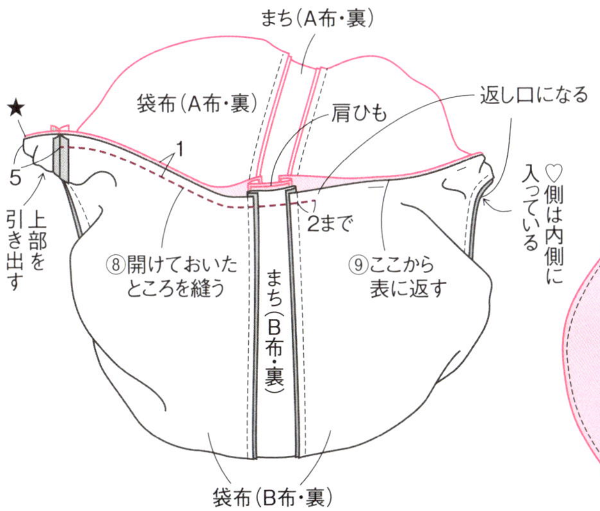
まち(A布・裏)
袋布(A布・裏)
肩ひも
返し口になる
★
1
5
上部を引き出す
♡側は内側に入っている
2まで
⑧開けておいた
ところを縫う
まち(B布・裏)
⑨ここから
表に返す
袋布(B布・裏)

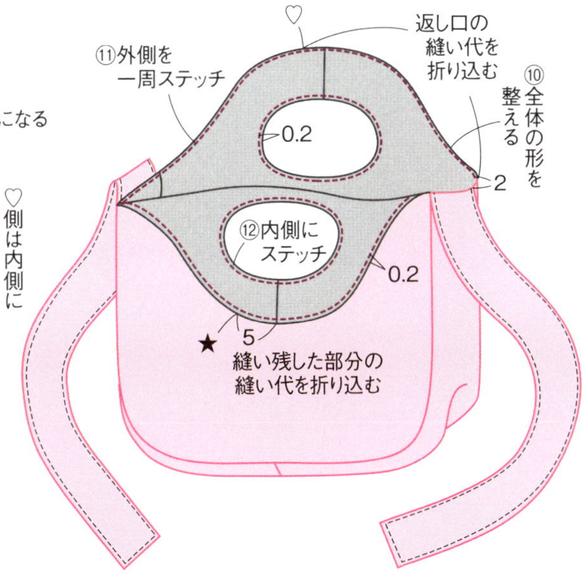
♡
返し口の
縫い代を
折り込む
⑪外側を
一周ステッチ
⑩全体の形を整える
0.2
2
⑫内側に
ステッチ
0.2
★
5
縫い残した部分の
縫い代を折り込む

実物大型紙（カーブ部分）

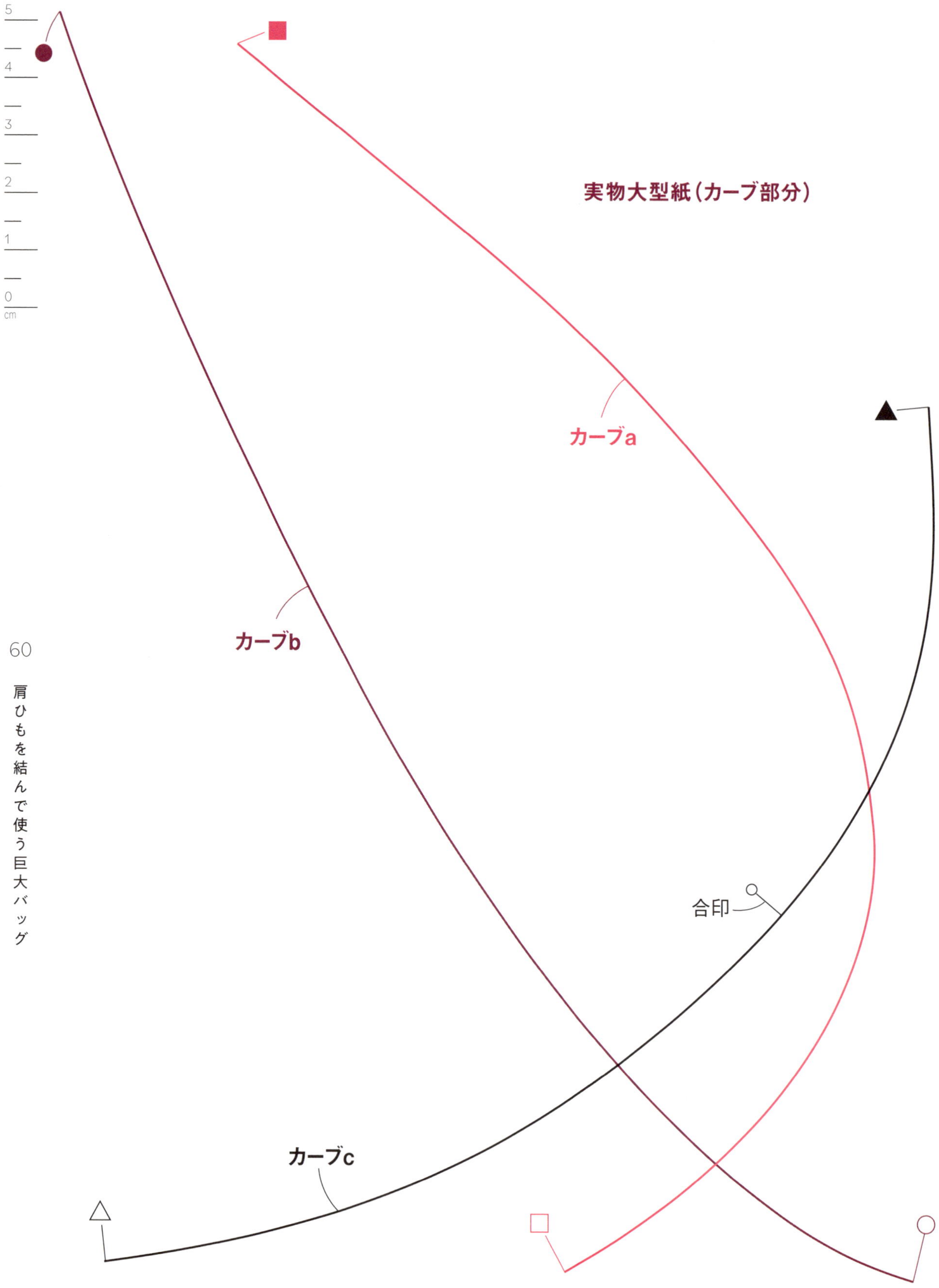

7 絞っても絞らなくてもいい丸底きんちゃくバッグ

写真 p.20

材料

A布（リネンデニム）…110cm幅×65cm
B布（ハーフリネン／ブロックチェック）…110cm幅×90cm
60番ミシン糸…適量

出来上がりサイズ

縦34×横46cm×底の直径23cm

裁ち合わせ図

＊単位＝cm
＊1cmの縫い代をつけて裁つ。ひもは縫い代なし（裁ち切り）

●A布

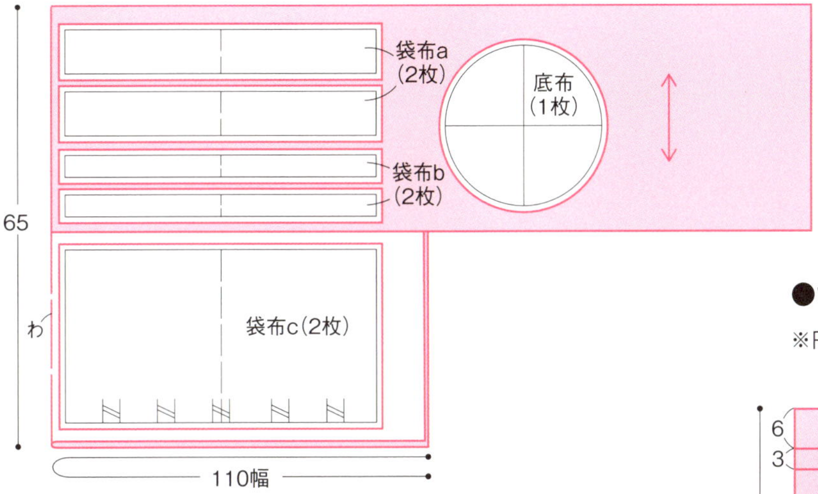

●B布

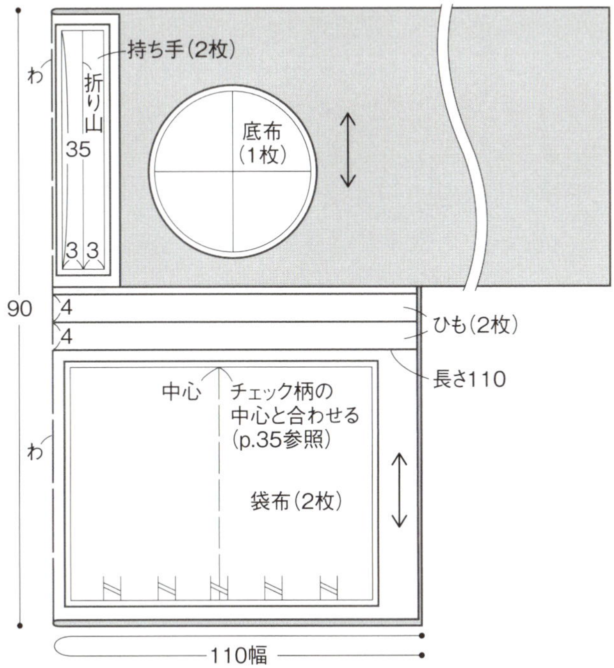

●寸法

※円は実物大型紙（p.65）も参照

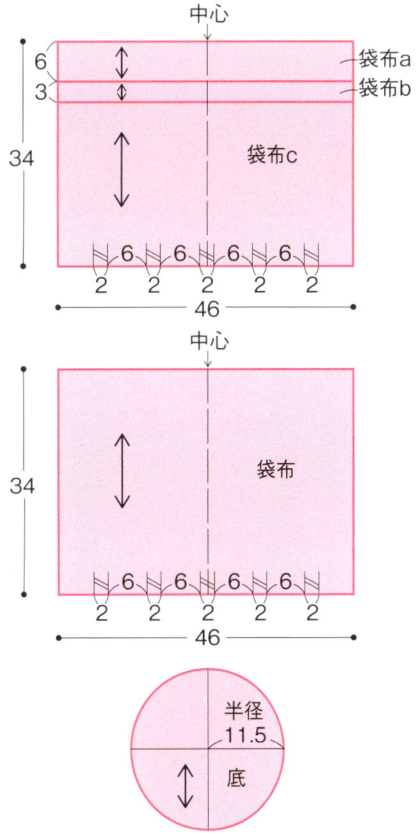

1.持ち手を作り、袋布aにつける

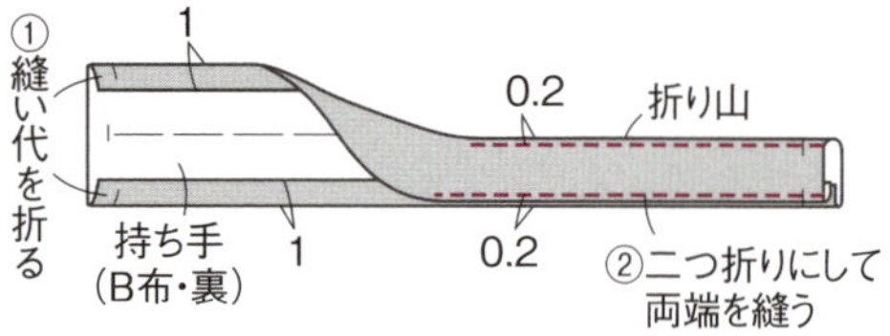

※2枚作る

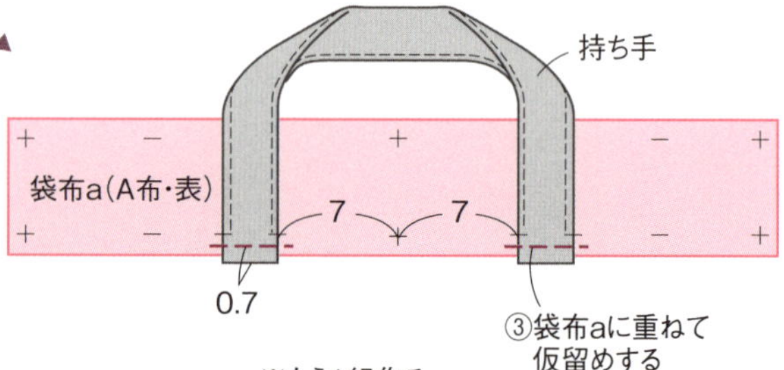

※もう1組作る

2.袋布aと袋布bを縫い合わせる

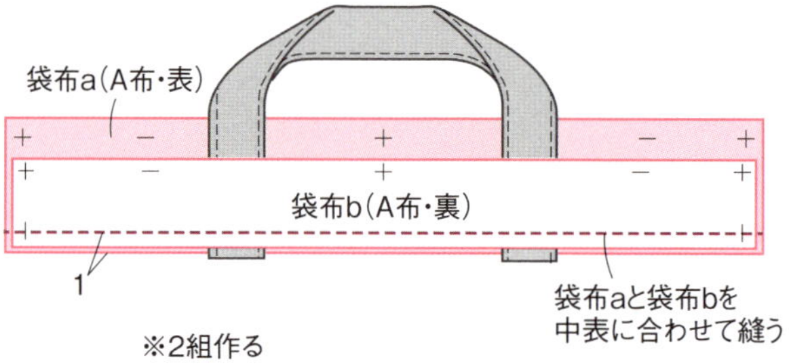

※2組作る

62

3.袋布cのタックをたたみ、2と縫い合わせる

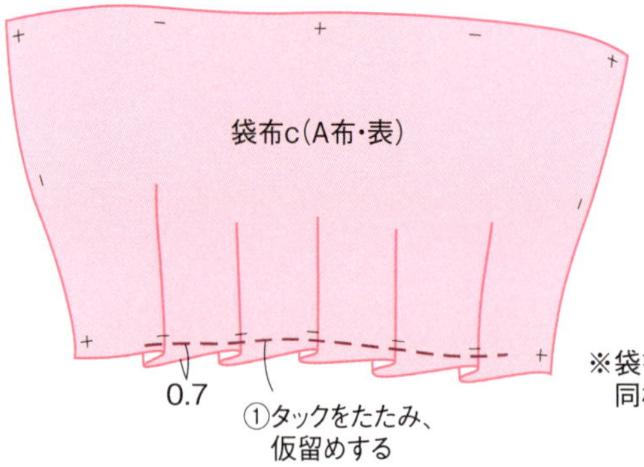

※袋布(B布)も
同様にタックを作る

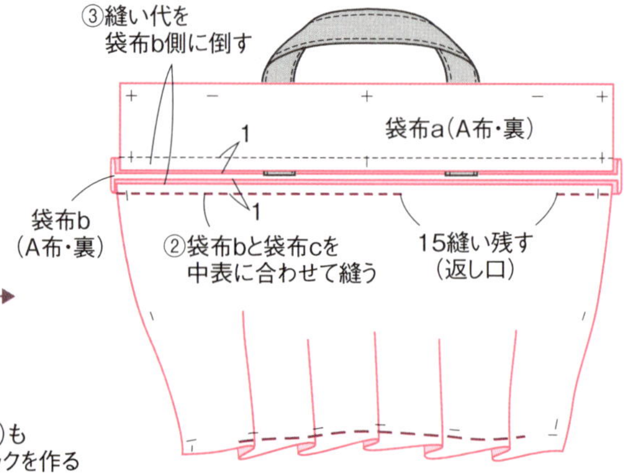

※もう1組作る。
ただし返し口を作らずそのまま縫う

4.袋布(A布、B布)を作る

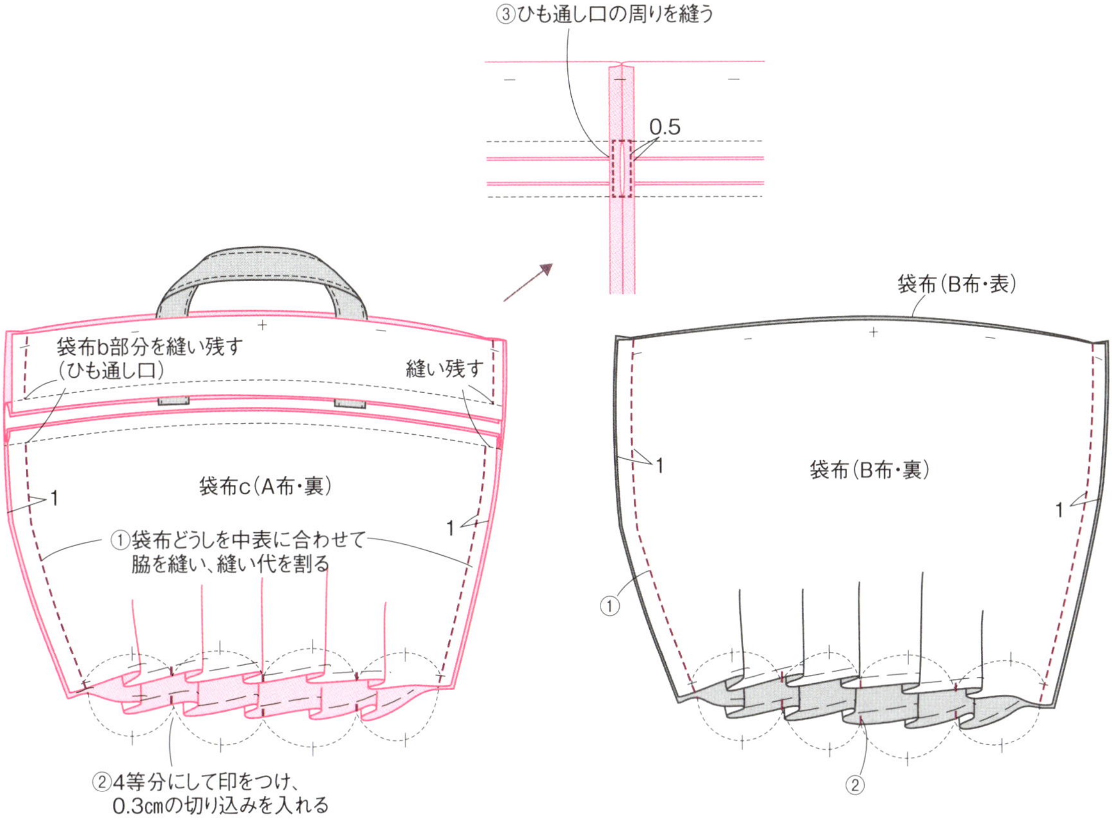

5.袋布と底を縫い合わせる(A布、B布)

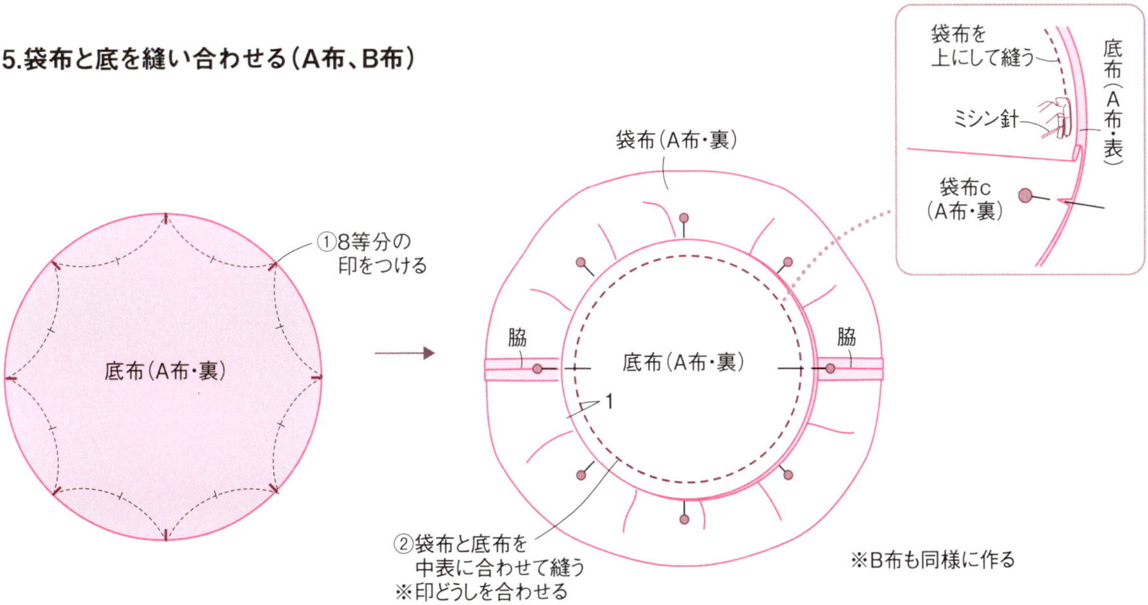

※B布も同様に作る

6.袋布（A布、B布）を合わせて袋口を縫う

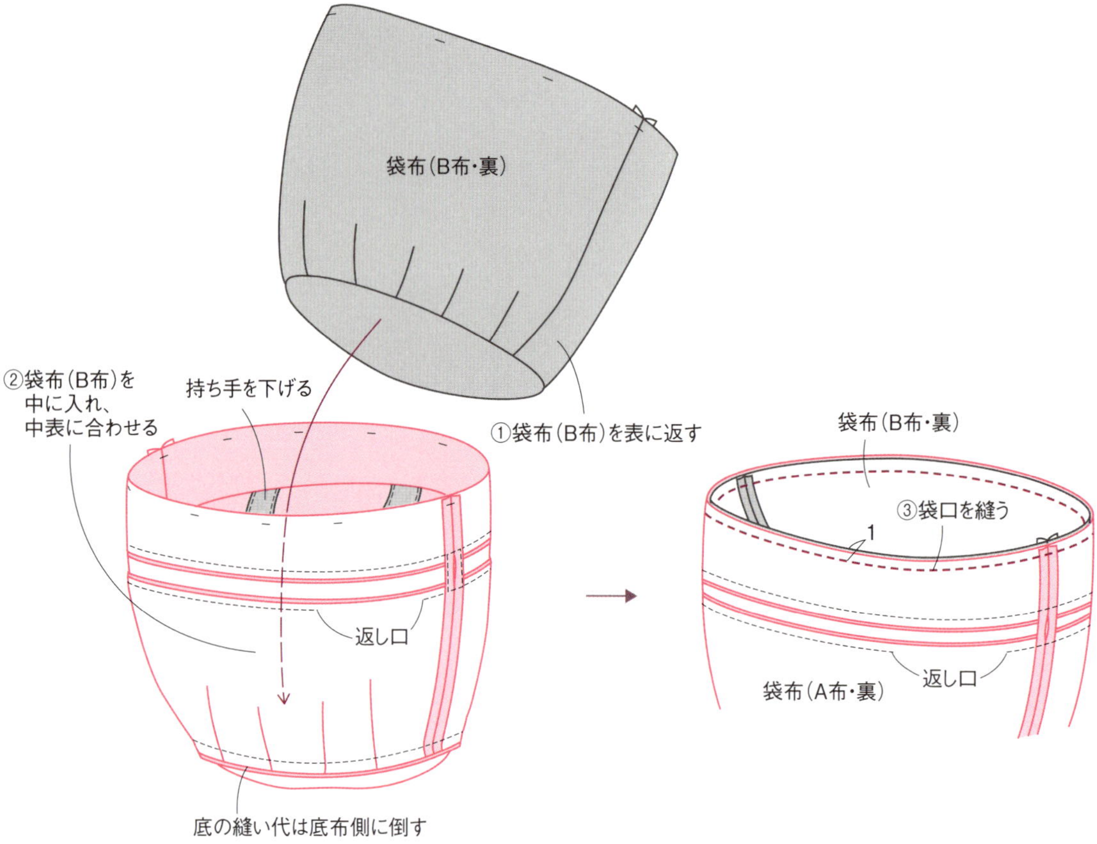

7.表に返し、袋口にステッチ

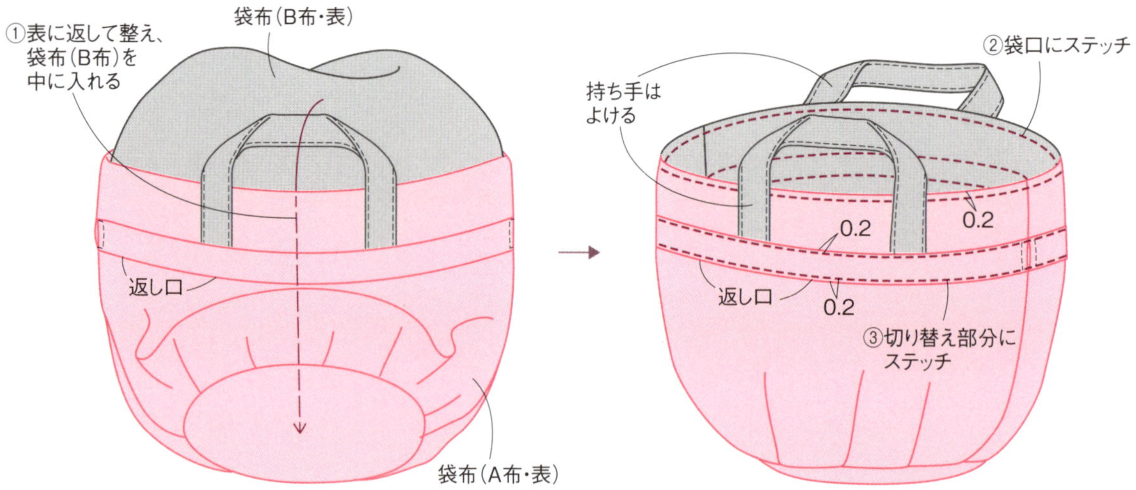

8.ひもを作り、通す

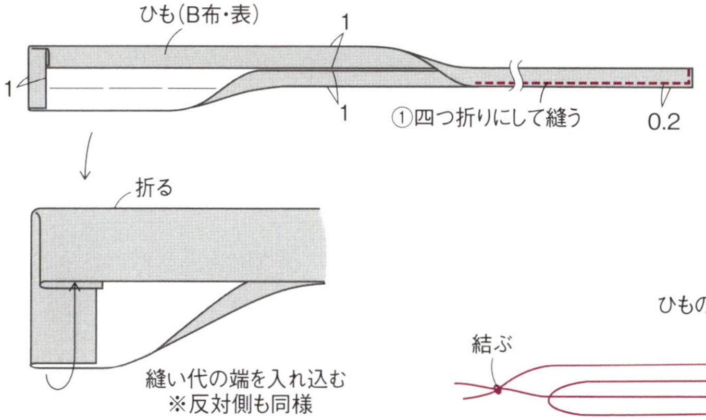

※2本作る

ひもの通し方

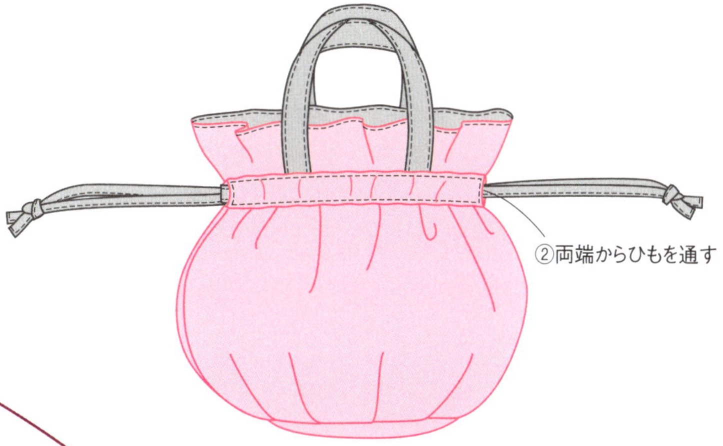

8 大きく作るとおしゃれで便利なあづま袋

写真 p.22

（材料）

A布（コットン）…110cm幅×155cm

B布（コットン）…110cm幅×155cm

60番ミシン糸…適量

（出来上がりサイズ）

縦70×横70cm

（裁ち合わせ図）

＊単位＝cm

＊1cmの縫い代をつけて裁つ

●A布、B布共通

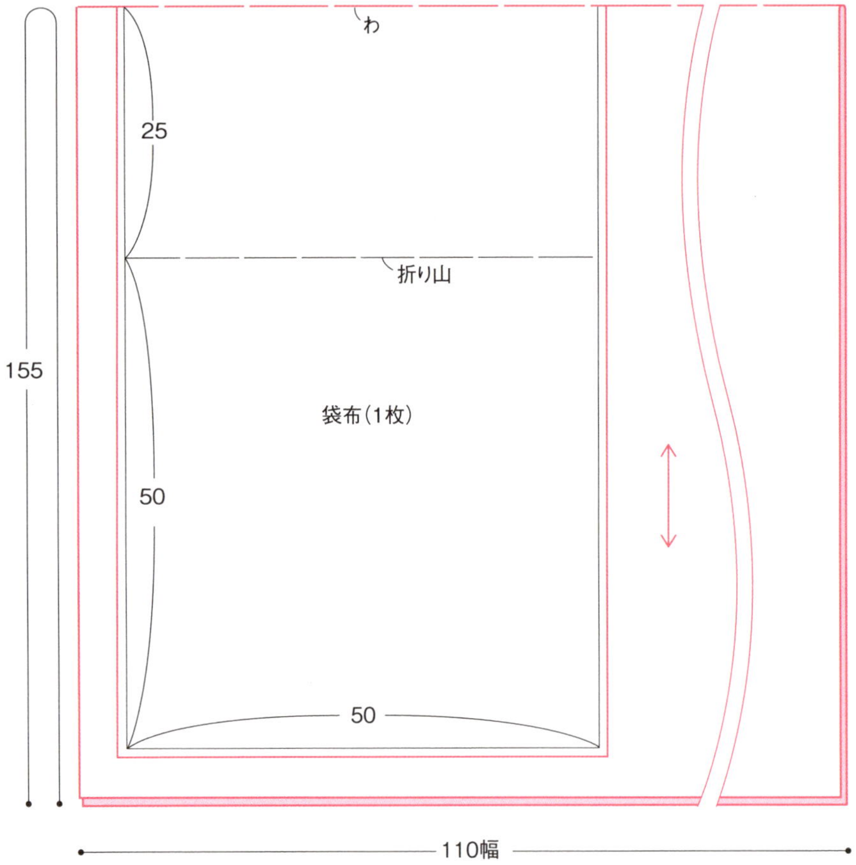

1.袋布（A布、B布）を作る

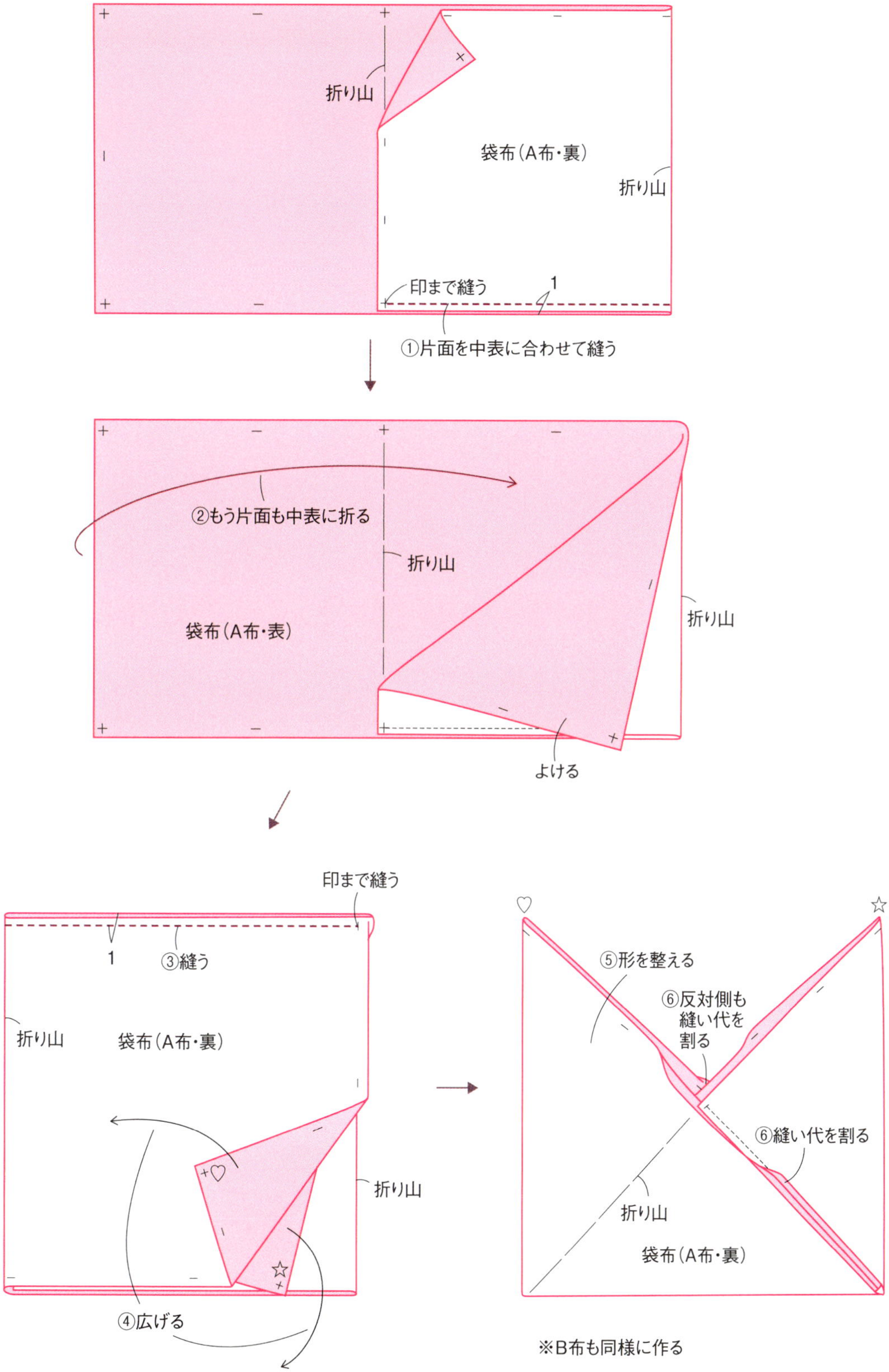

※B布も同様に作る

2.袋布（A布、B布）を合わせて袋口を縫う

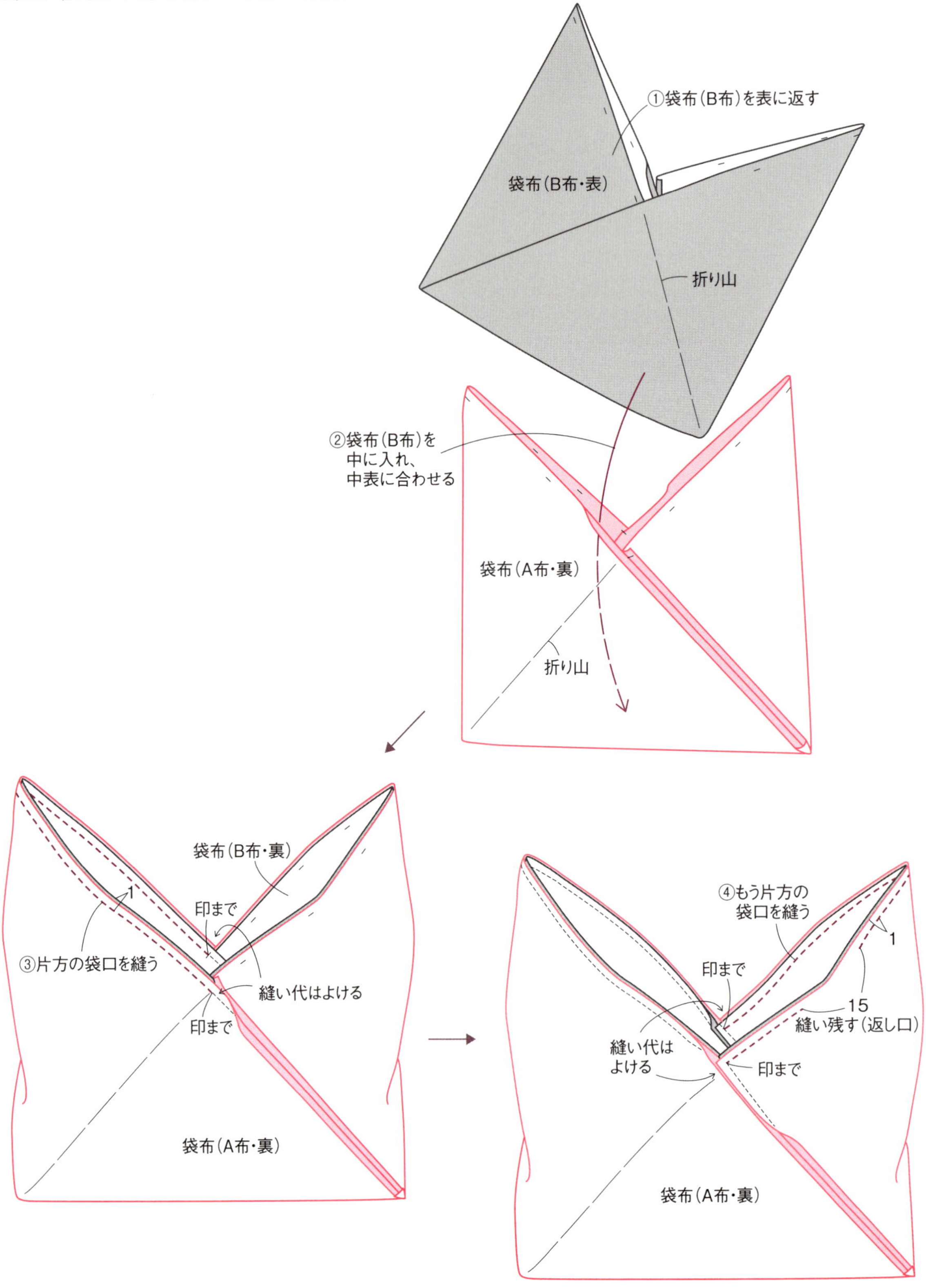

①袋布（B布）を表に返す
袋布（B布・表）
折り山
②袋布（B布）を
中に入れ、
中表に合わせる
袋布（A布・裏）
折り山
袋布（B布・裏）
印まで
1
③片方の袋口を縫う
縫い代はよける
印まで
袋布（A布・裏）
④もう片方の
袋口を縫う
1
印まで
15
縫い残す（返し口）
縫い代は
よける
印まで
袋布（A布・裏）

3.返し口から表に返す

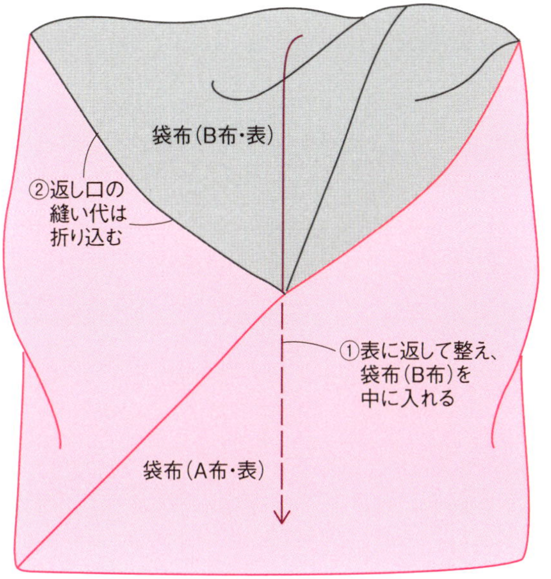

4.袋口にステッチをかける

9 ２通りに裏返せるポシェット

写真 p.24

材料

A布（コットン／プリント）…110cm幅×40cm
B布（コットン／無地）…110cm幅×30cm
60番ミシン糸…適量

出来上がりサイズ

縦22×横16cm

裁ち合わせ図

＊単位＝cm
＊1cmの縫い代をつけて裁つ。肩ひもと布ループは縫い代なし（裁ち切り）

●A布

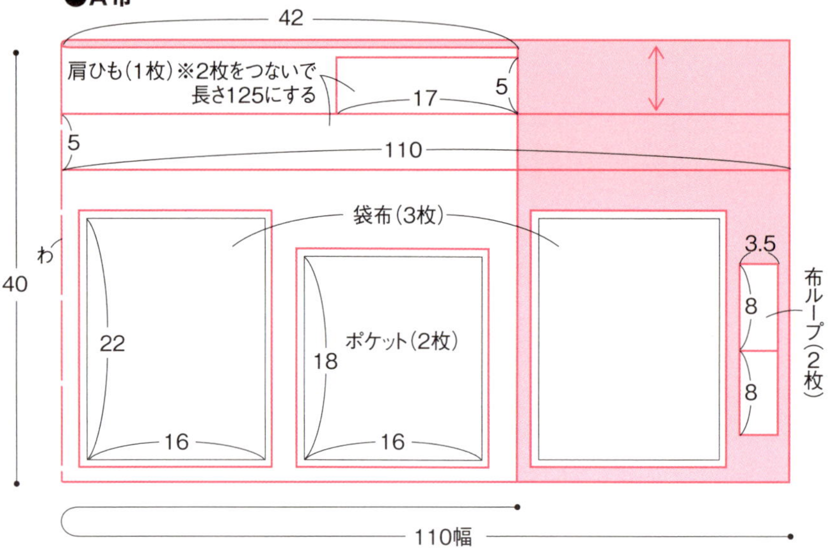

肩ひものつなぎ方

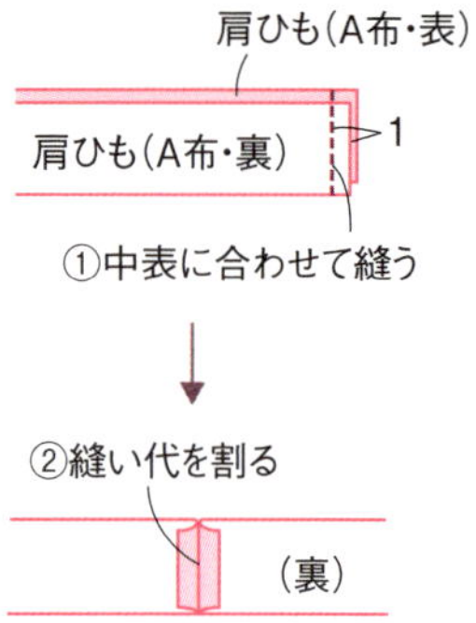

●B布

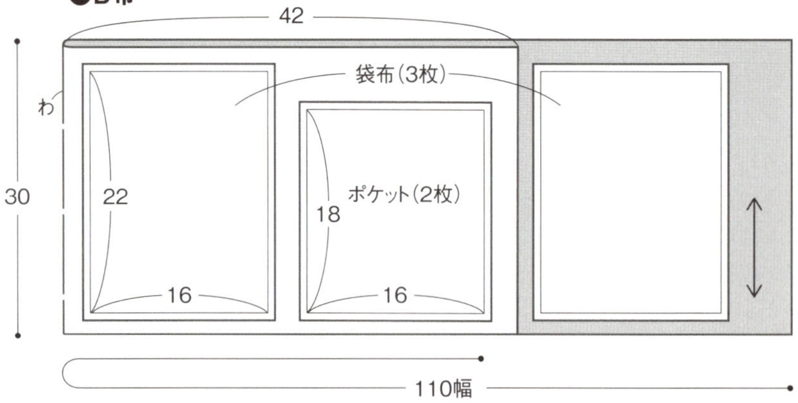

1.袋布（A布）を作る

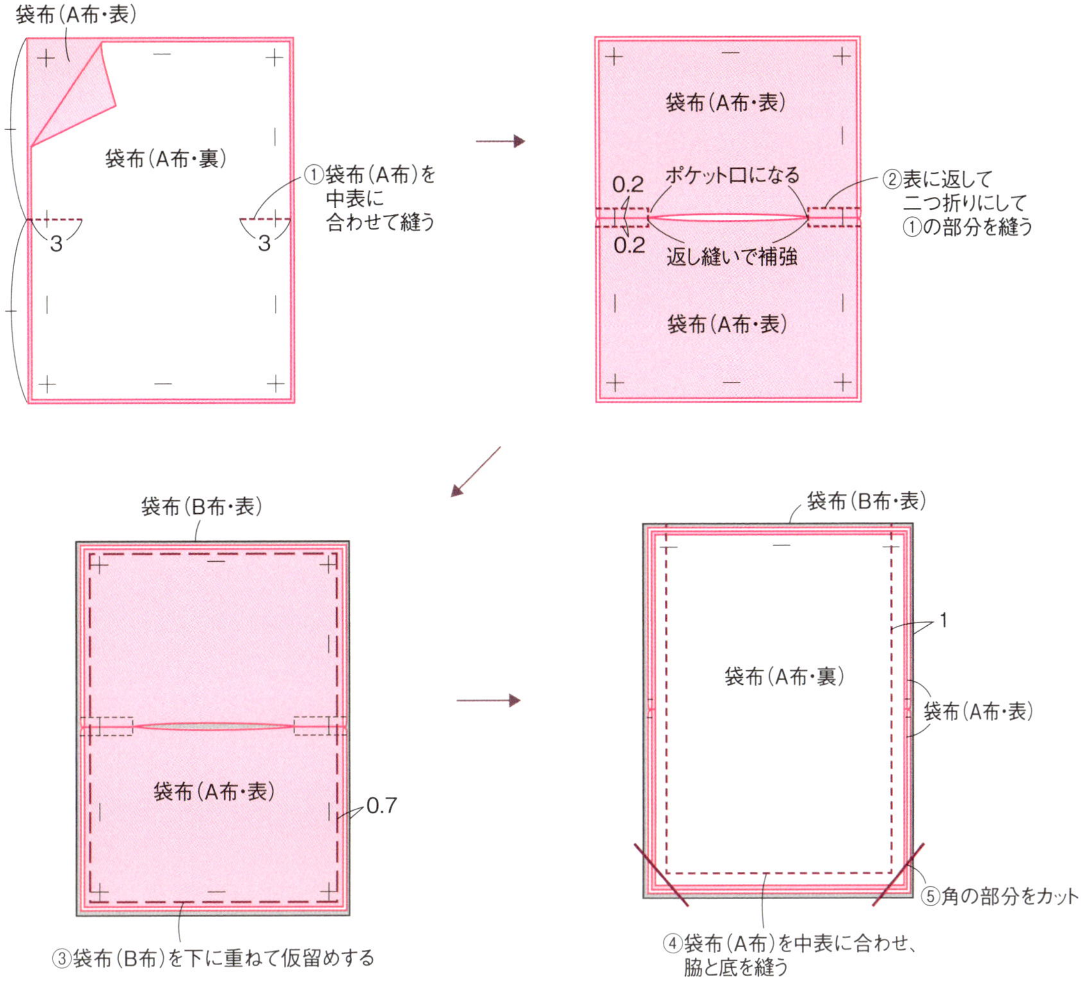

2.布ループを作り、つける

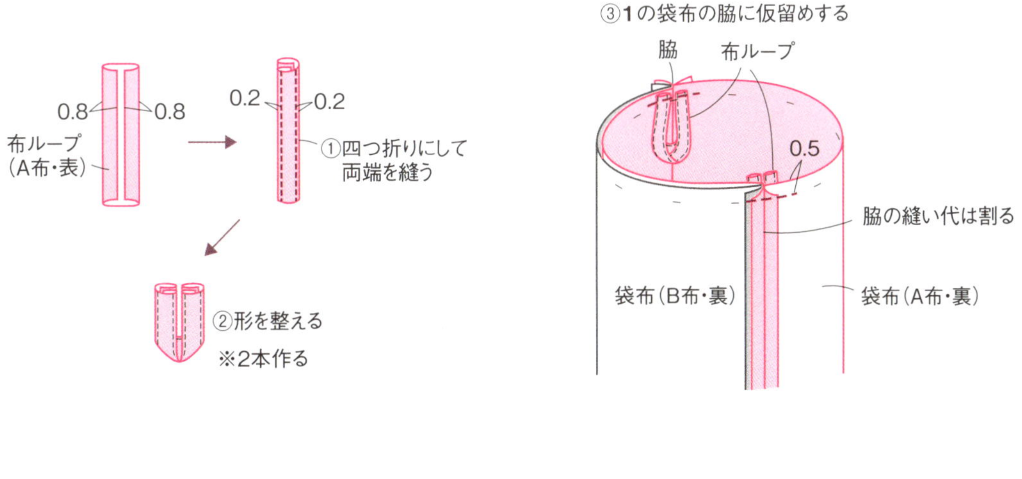

3.ポケットを作り、袋布（B布）につける

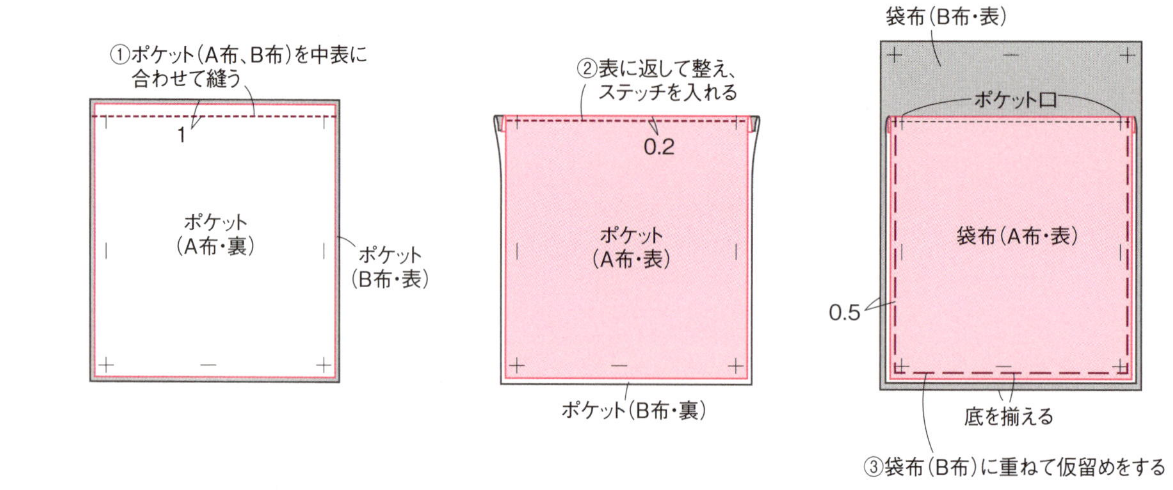

※もう1組作る

4.袋布（B布）を作る

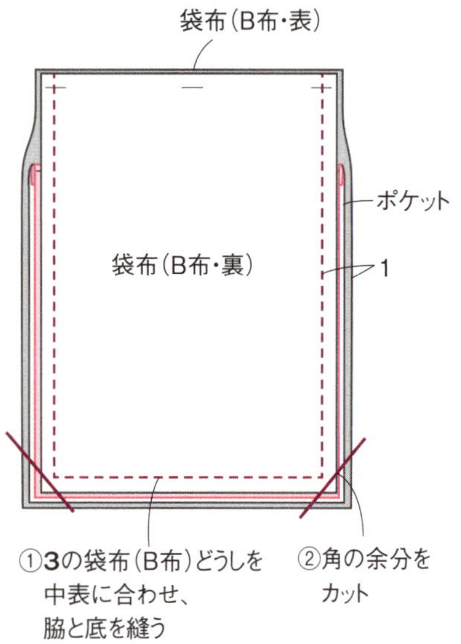

5.袋布（A布、B布）を合わせて袋口を縫う

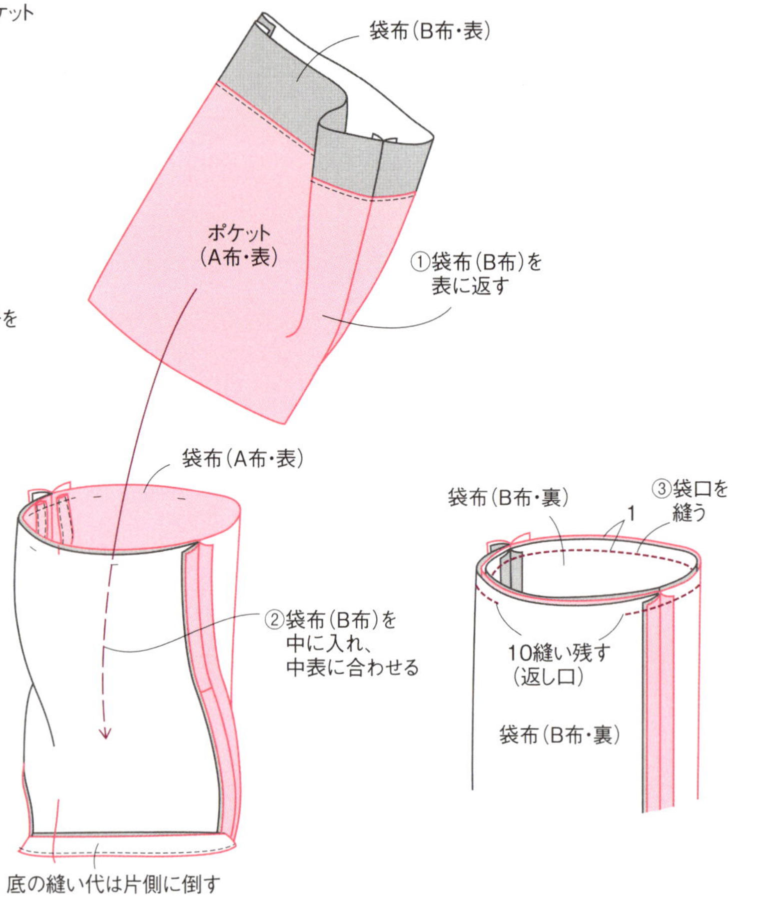

6.返し口から表に返す

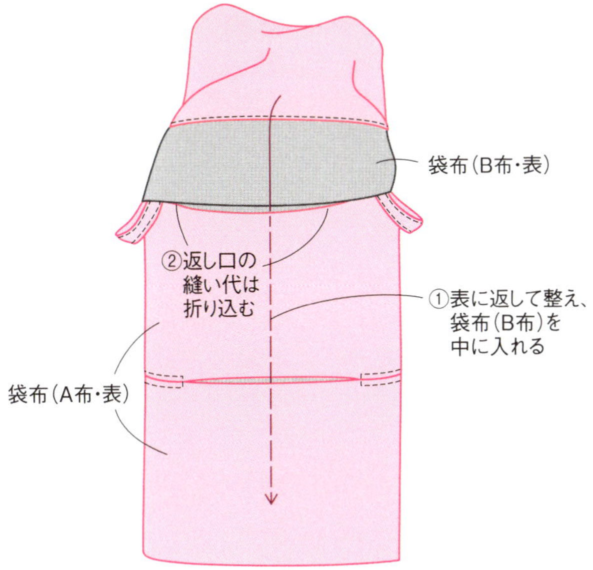

7.袋口にステッチをかける

8.肩ひもを作る

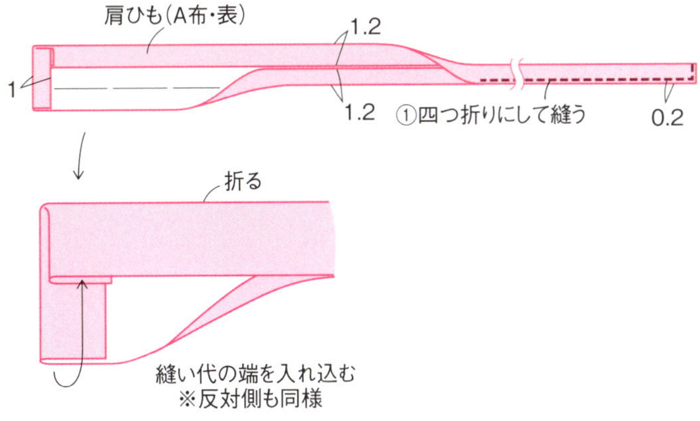

※2本作る

10 いつもバッグにアメちゃんきんちゃく

写真 p.25

材料

A布（コットンローン／ドット）…110cm幅×30cm
B布（コットンローン／プリント）…110cm幅×20cm
60番ミシン糸…適量

出来上がりサイズ

縦18×横15cm

裁ち合わせ図

＊単位＝cm
＊1cmの縫い代をつけて裁つ。ひもは縫い代なし（裁ち切り）

●A布

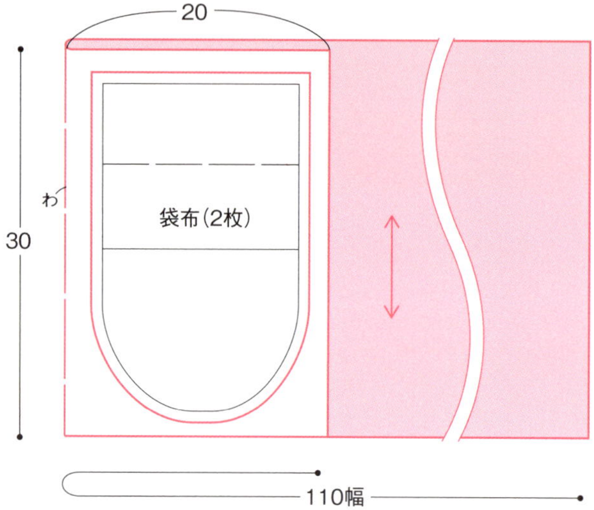

●寸法

※カーブ部分は実物大型紙（p.76）も参照

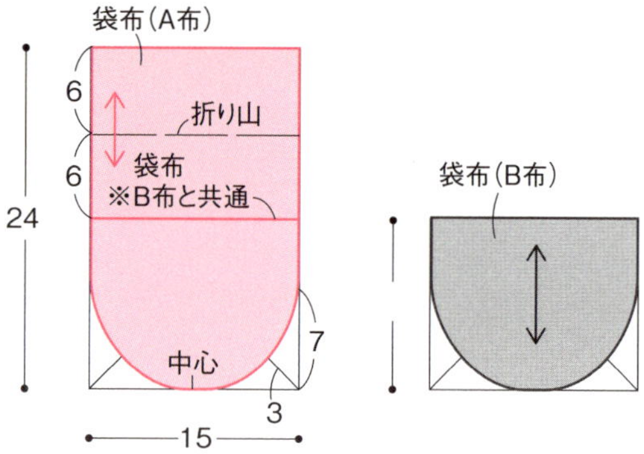

●B布

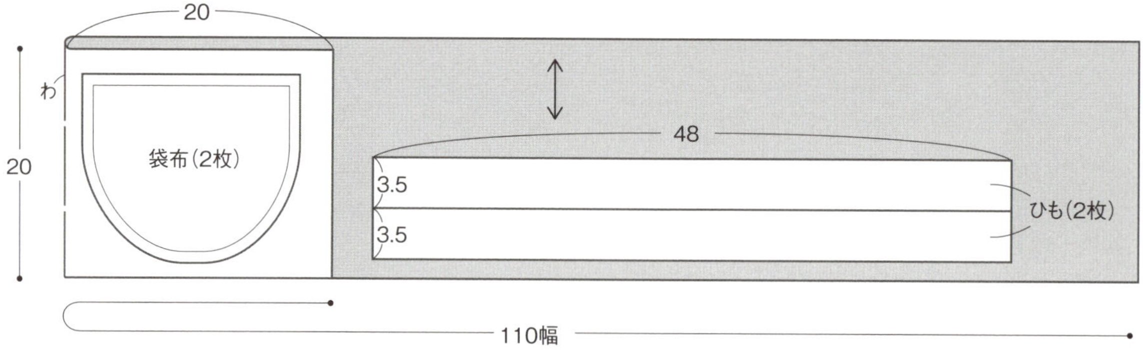

1.袋布（A布）にアイロンをかける

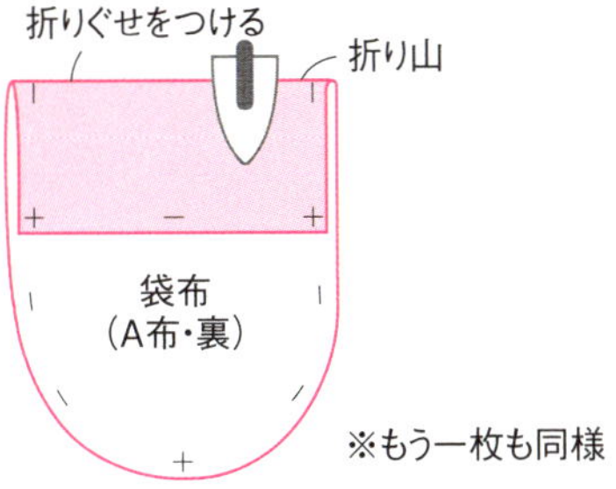

2.袋布（A布、B布）を縫い合わせる

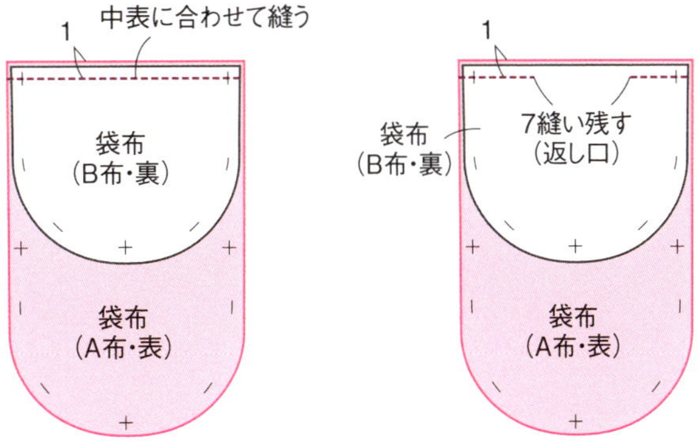

3.2枚の袋布を合わせて縫う

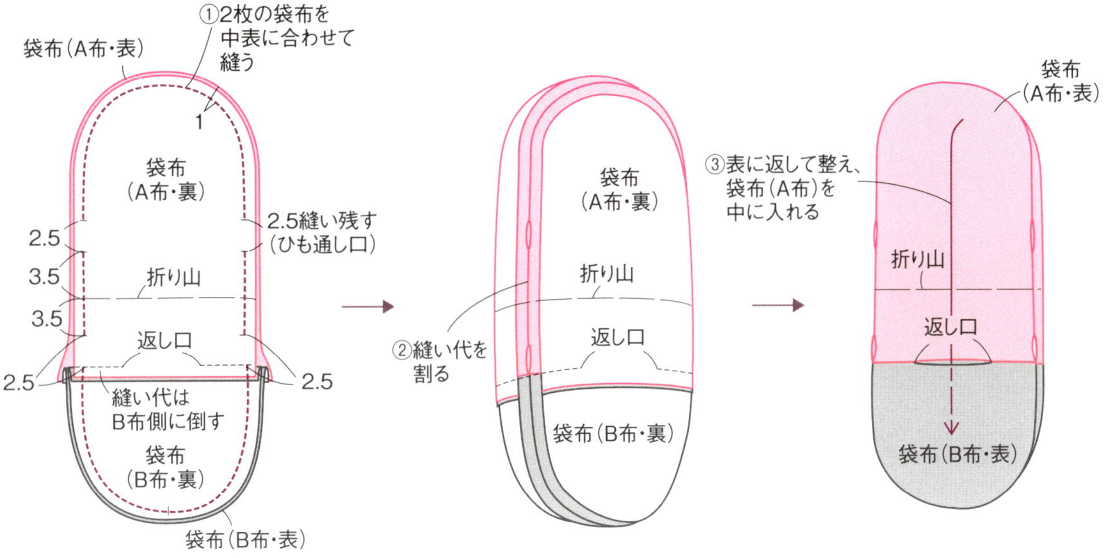

4.袋口を縫う

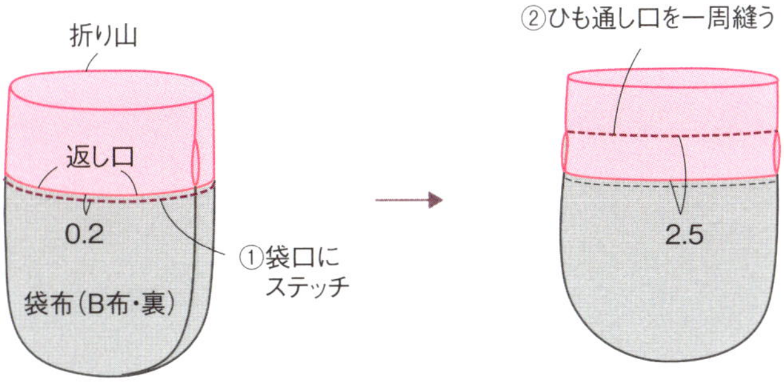

5.ひもを作り、通す

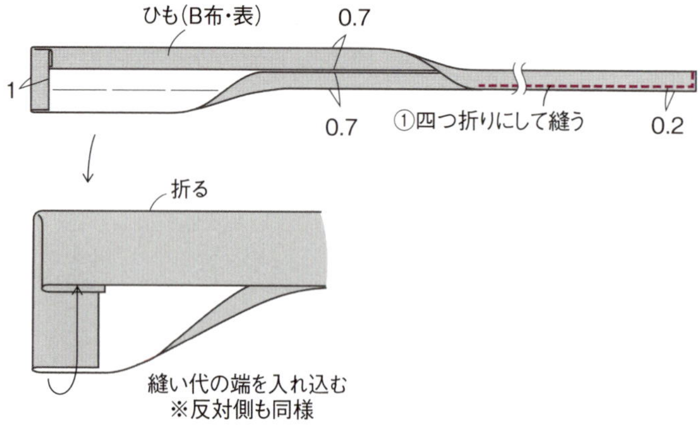

※2本作る

ひもの通し方

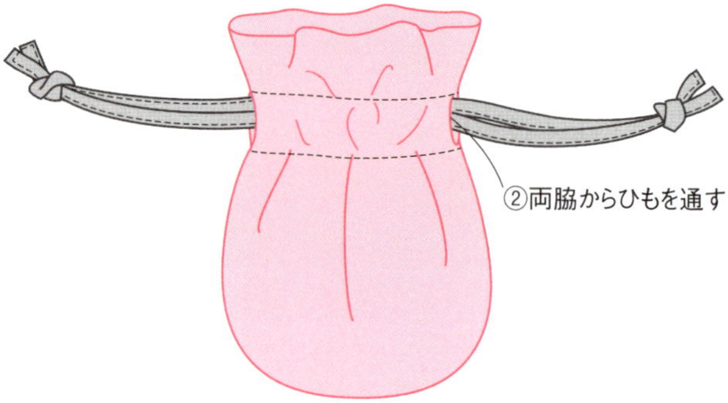

実物大型紙(カーブ部分)

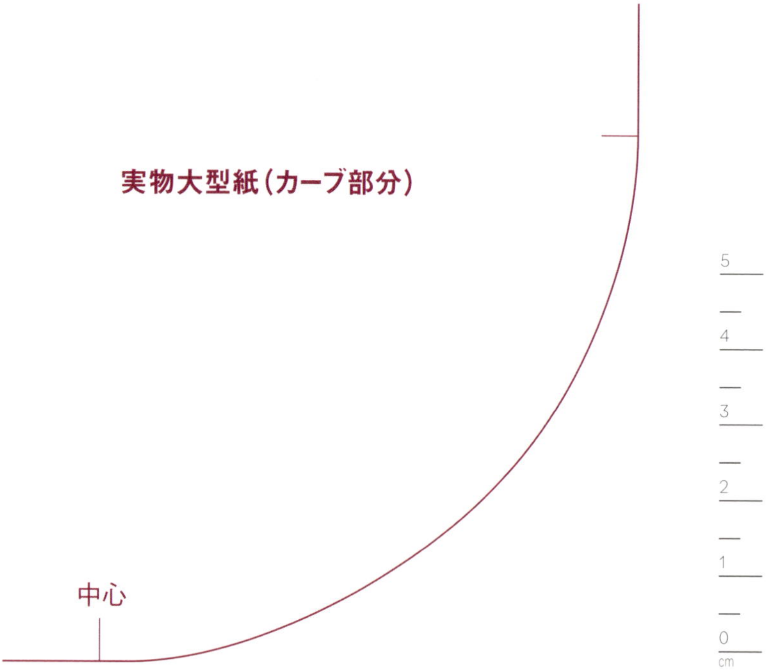

11　レジ袋みたいな形のエコバッグ

写真 p.26

（材料）

A布（コットン／ピンク）…110cm幅×55cm
B布（コットン／ギンガムチェック）…110cm幅×55cm
60番ミシン糸…適量

（出来上がりサイズ）

縦46.5×横38cm

（裁ち合わせ図）

＊単位＝cm
＊1cmの縫い代をつけて裁つ

●A布、B布共通

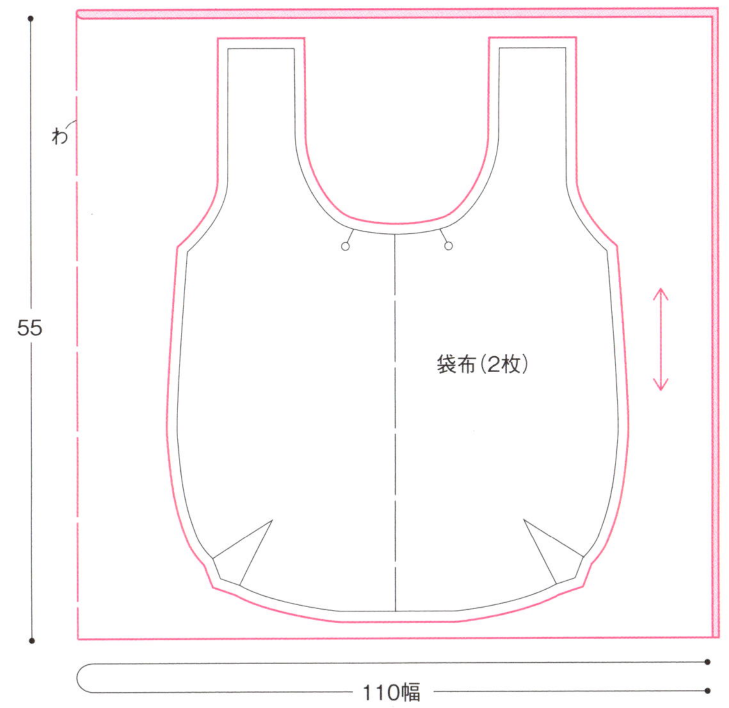

●寸法

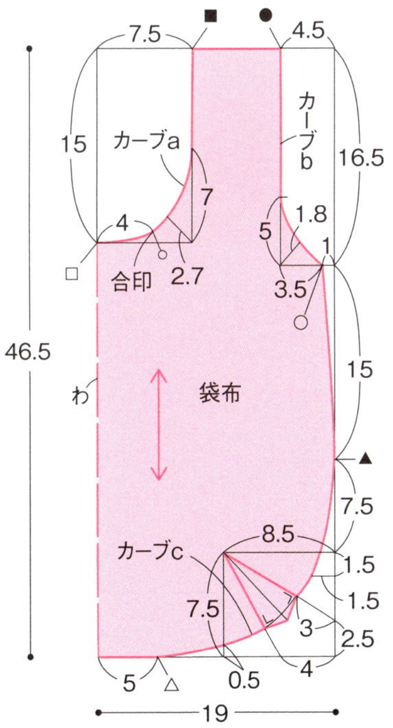

※カーブa、b、cは実物大型紙（p.80）も参照

1.袋布（A布、B布）のダーツを縫う

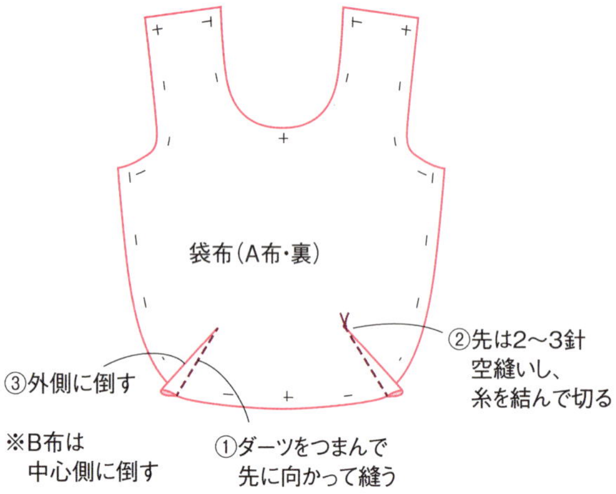

※袋布（A布、B布）4枚とも同様に作る

2.袋布（A布、B布）を作る

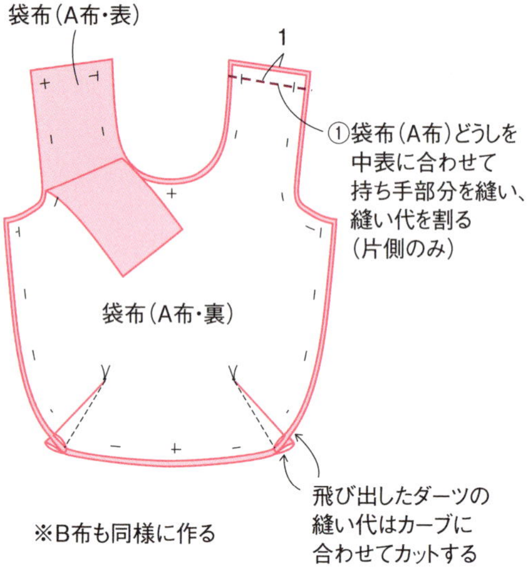

※B布も同様に作る

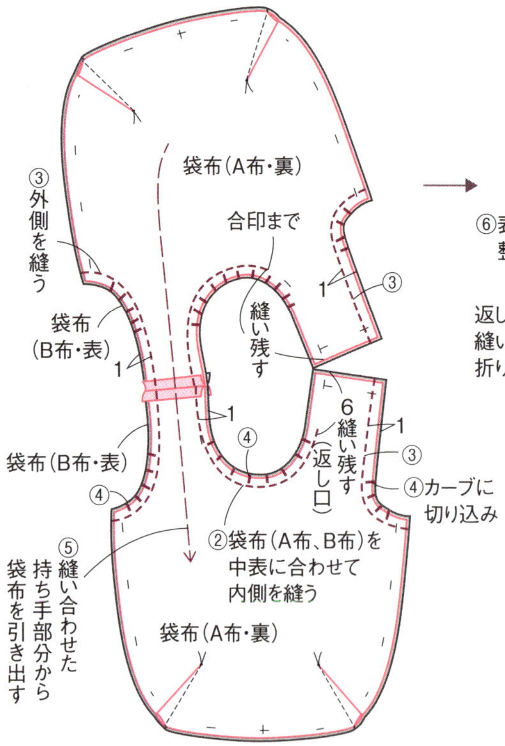

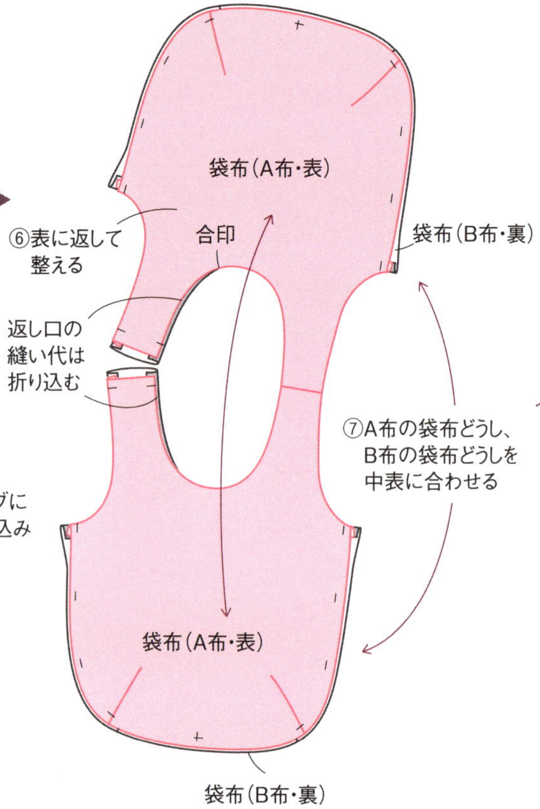

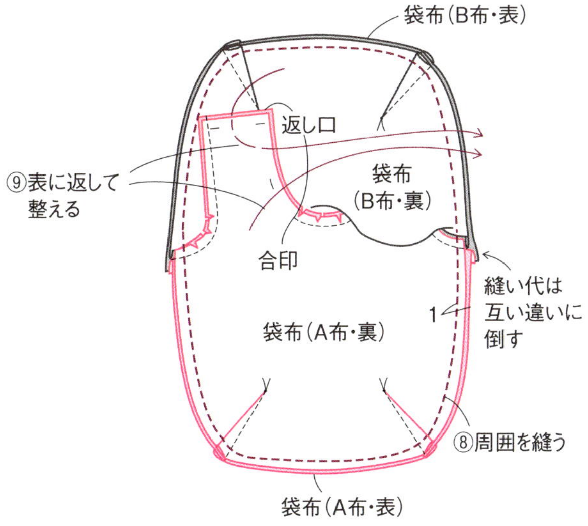
袋布（B布・表）
返し口
⑨表に返して
整える
袋布
（B布・裏）
合印
縫い代は
互い違いに
倒す
1
袋布（A布・裏）
⑧周囲を縫う
袋布（A布・表）

3.残りの持ち手を縫う

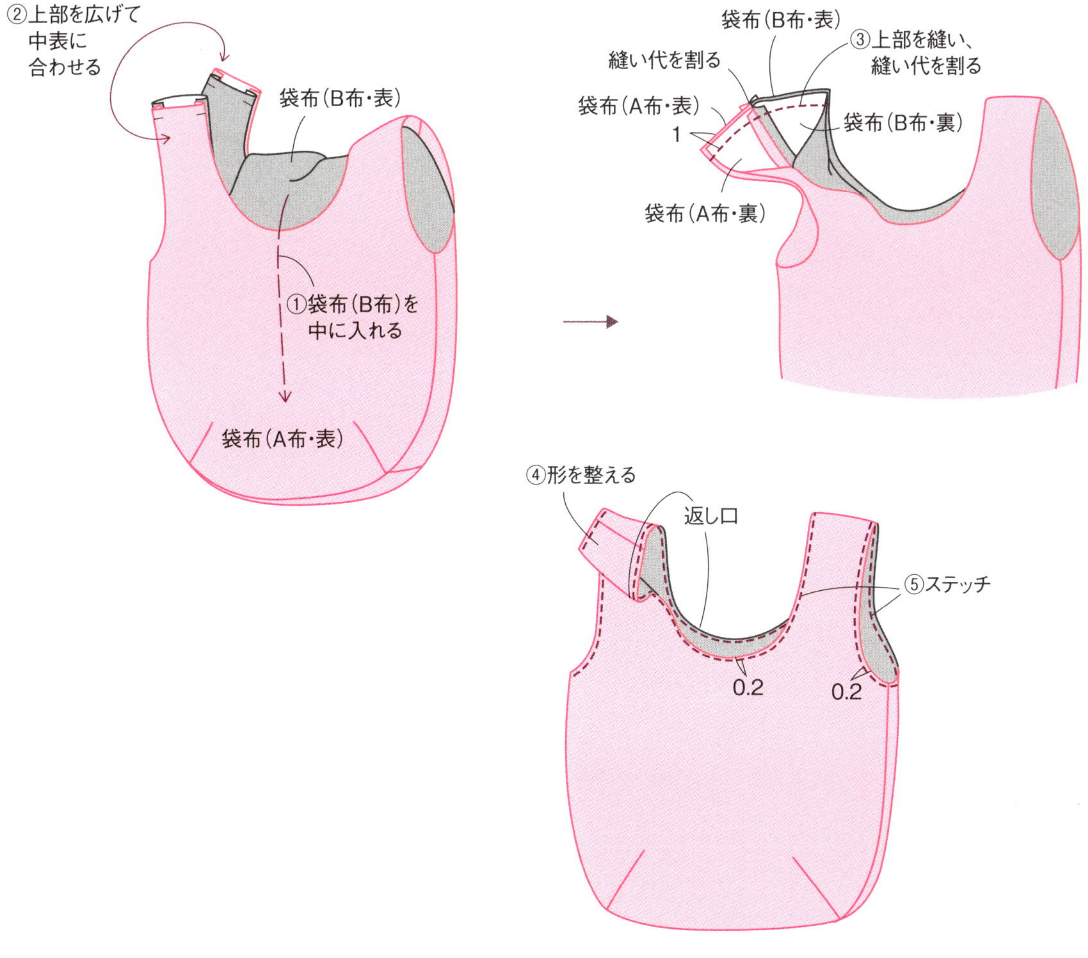
②上部を広げて
中表に
合わせる
袋布（B布・表）
①袋布（B布）を
中に入れる
袋布（A布・表）
袋布（B布・表）
③上部を縫い、
縫い代を割る
縫い代を割る
袋布（A布・表）
1
袋布（B布・裏）
袋布（A布・裏）
④形を整える
返し口
⑤ステッチ
0.2
0.2

実物大型紙（カーブ部分）

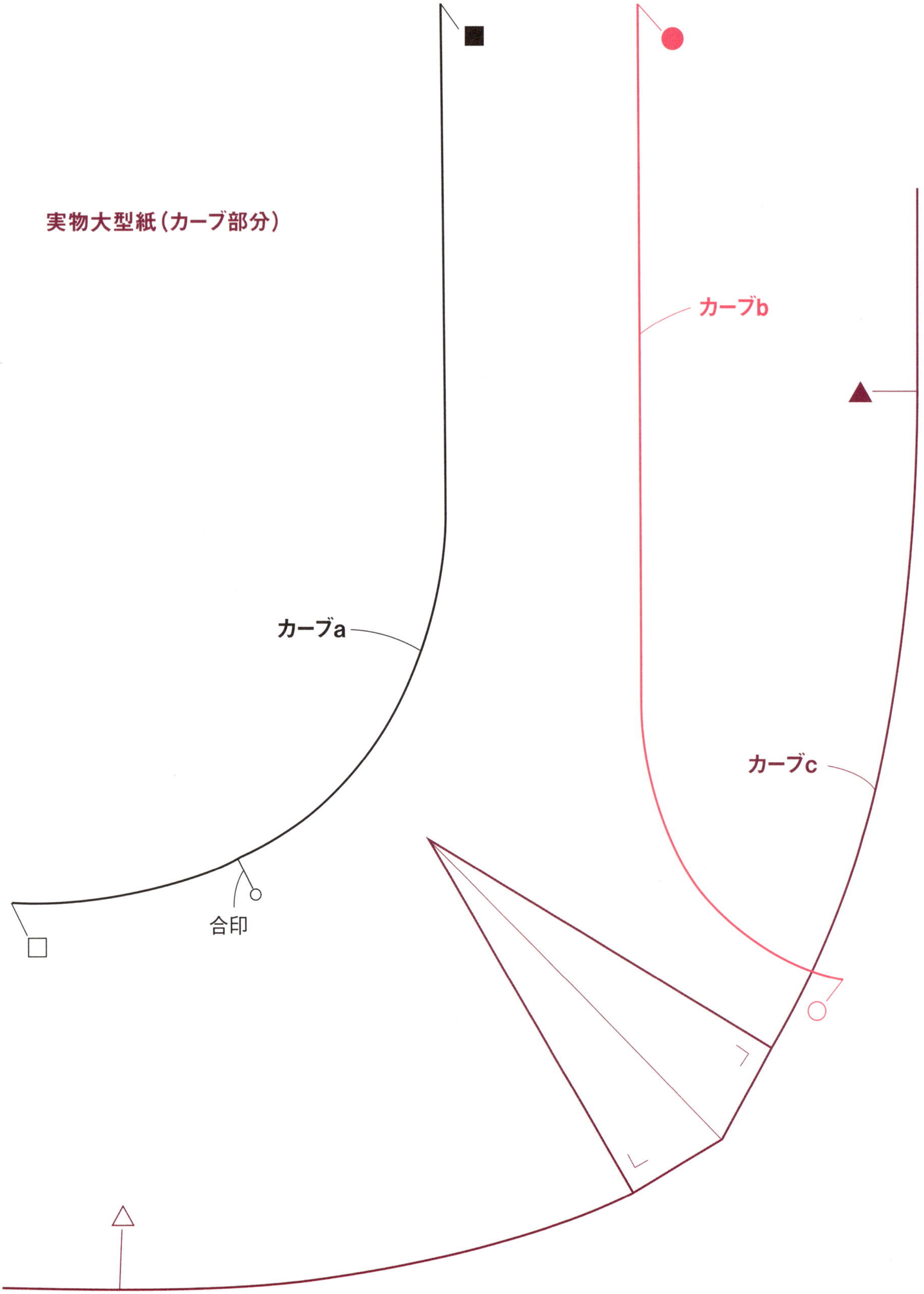

12 ふたつに折って使うぺたんこバッグ

写真 p.28

材料

A布（コットン／ブルー系）…110cm幅×45cm
B布（コットン／赤系）…110cm幅×45cm
60番ミシン糸…適量

出来上がりサイズ

縦20×横27cm

裁ち合わせ図

＊単位＝cm
＊○の中の数字は縫い代寸法。それ以外は1cmの縫い代をつけて裁つ。ひもと布ループは縫い代なし（裁ち切り）

●A布

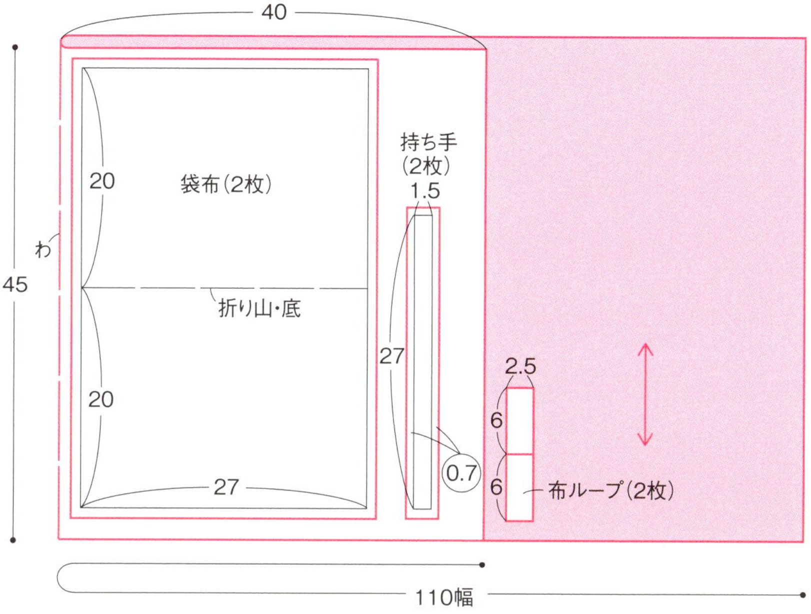

●B布

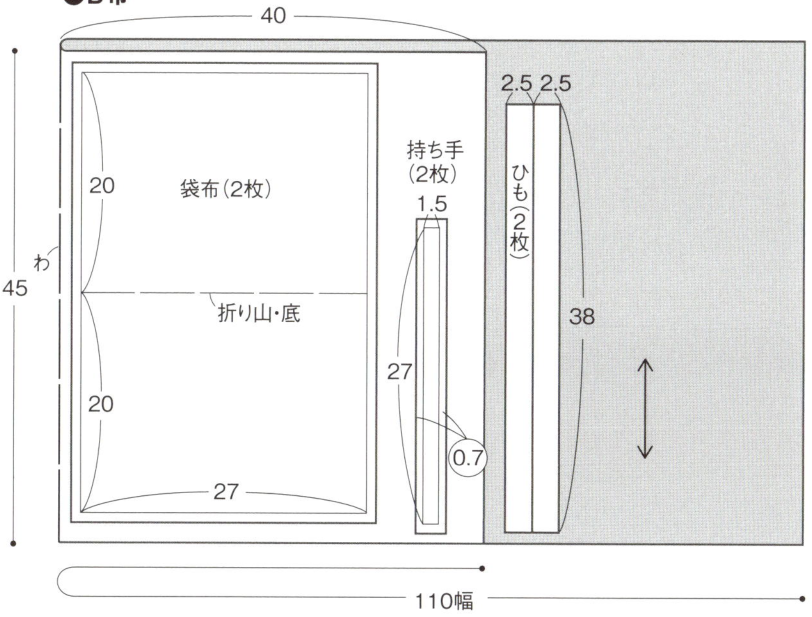

1.袋布にアイロンをかける

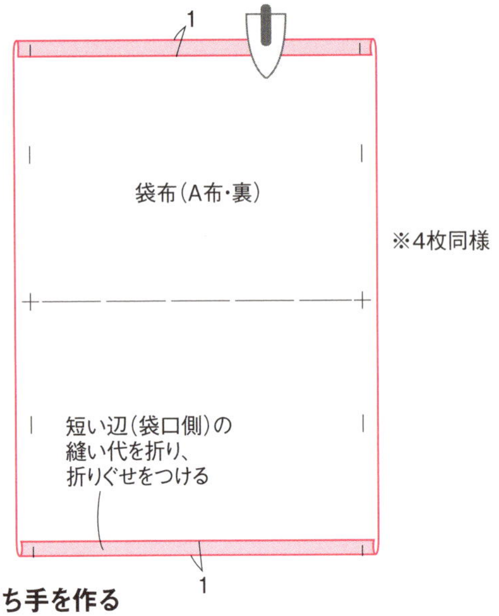

2.ひもを作る

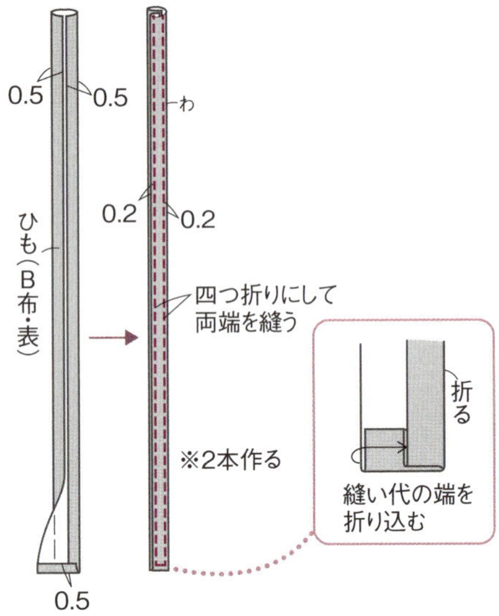

3.持ち手を作る

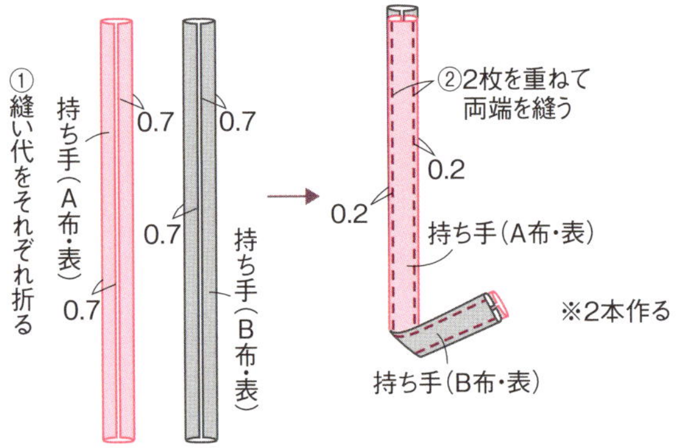

4.布ループを作る

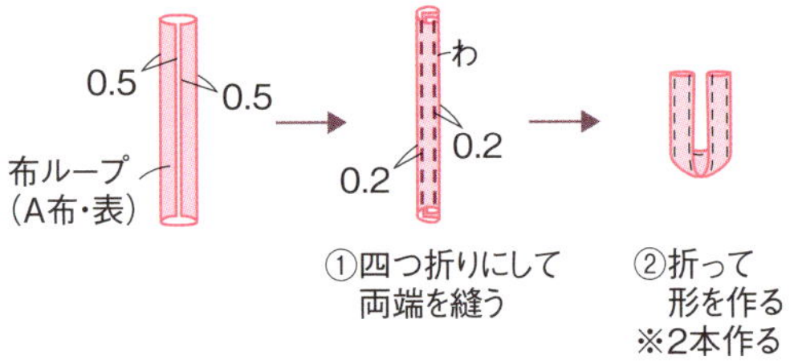

5.袋布にひも、持ち手、ループを仮留めする

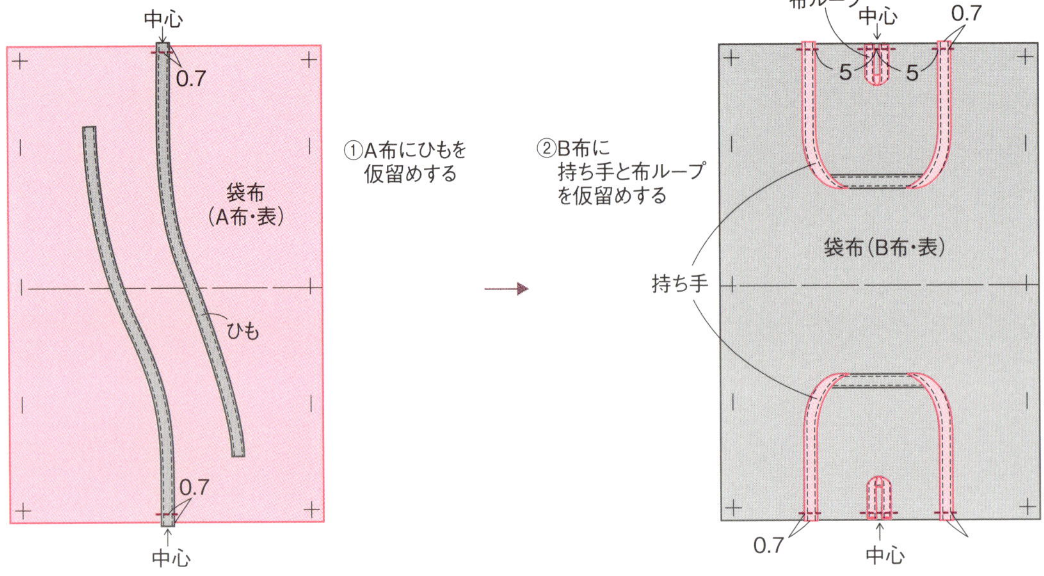

6.袋布を4枚重ね、脇と袋口を縫う

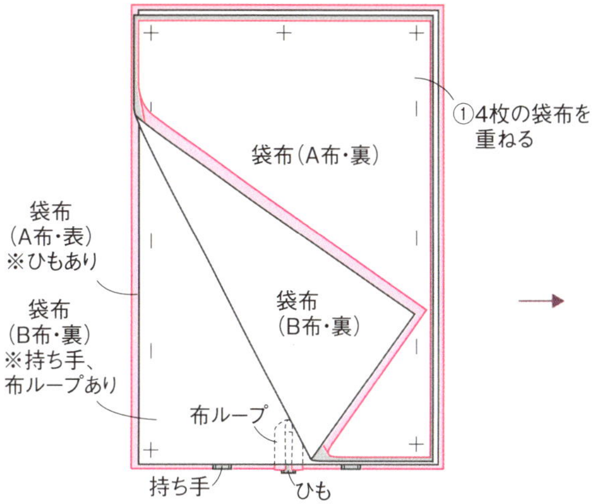

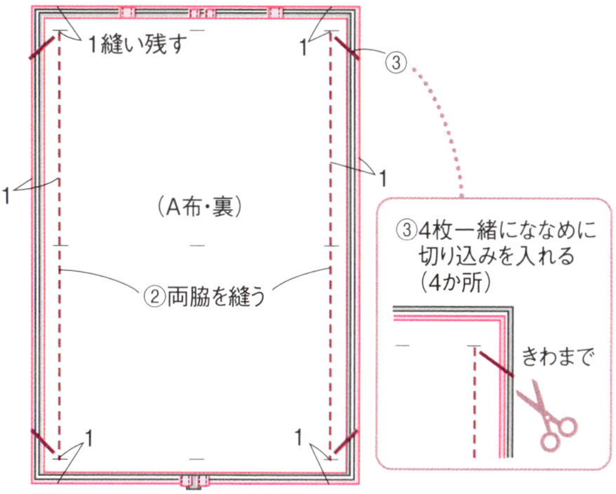

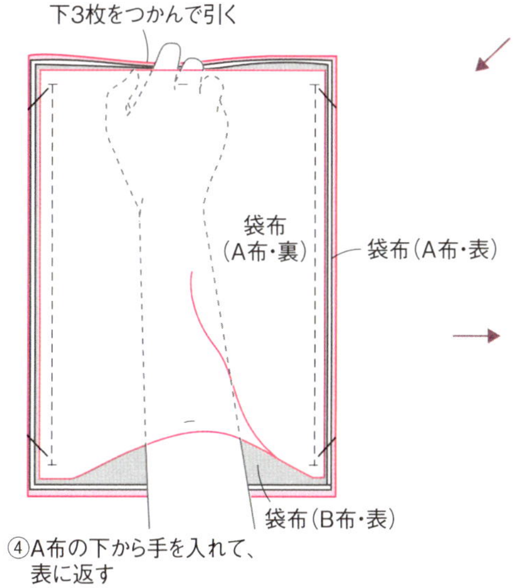

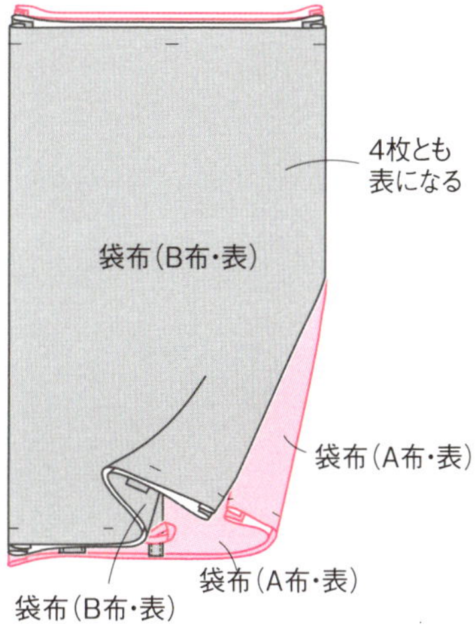

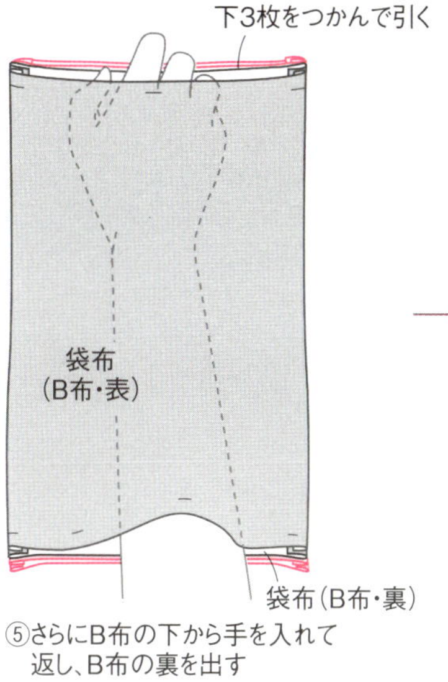

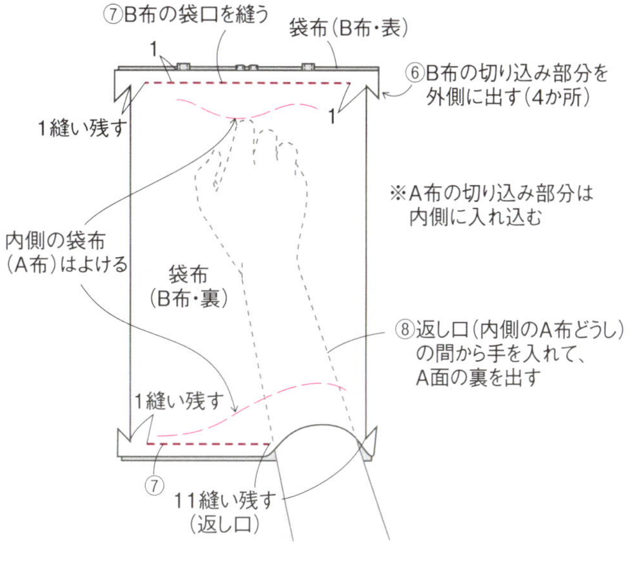

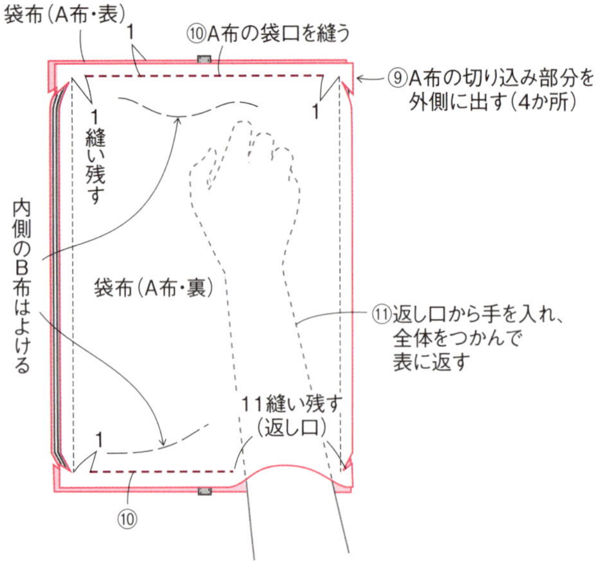

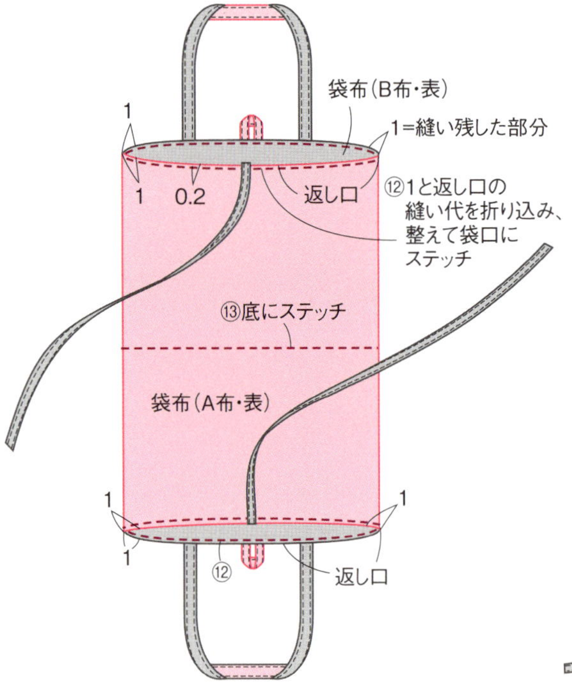

布ループにひもを通して使います

13 単独でも使えるバッグinかごバッグ

写真 p.29

材料

A布（コットンローン／パープル系）…110cm幅×35cm
B布（コットンローン／ピンク系）…110cm幅×50cm
60番ミシン糸…適量

出来上がりサイズ

縦28×横24cm

裁ち合わせ図

＊単位＝cm
＊1cmの縫い代をつけて裁つ。ひもは縫い代なし（裁ち切り）

●A布

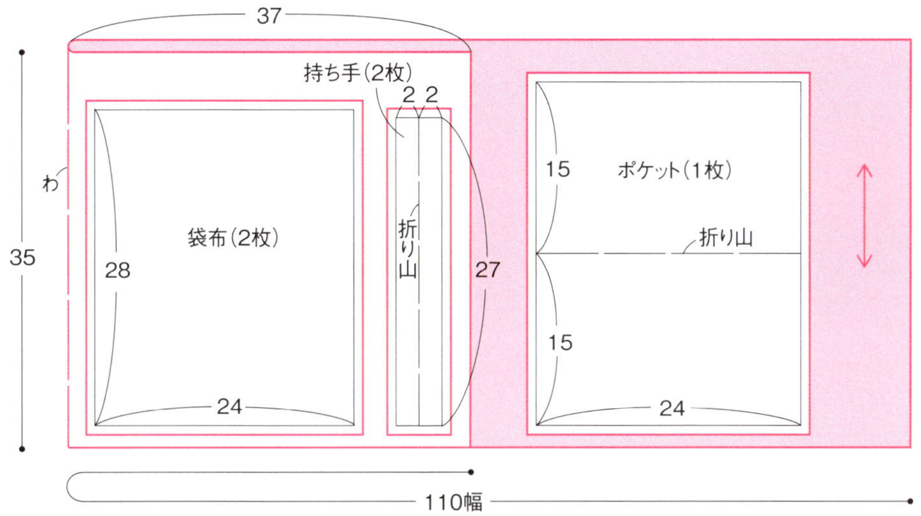

●B布

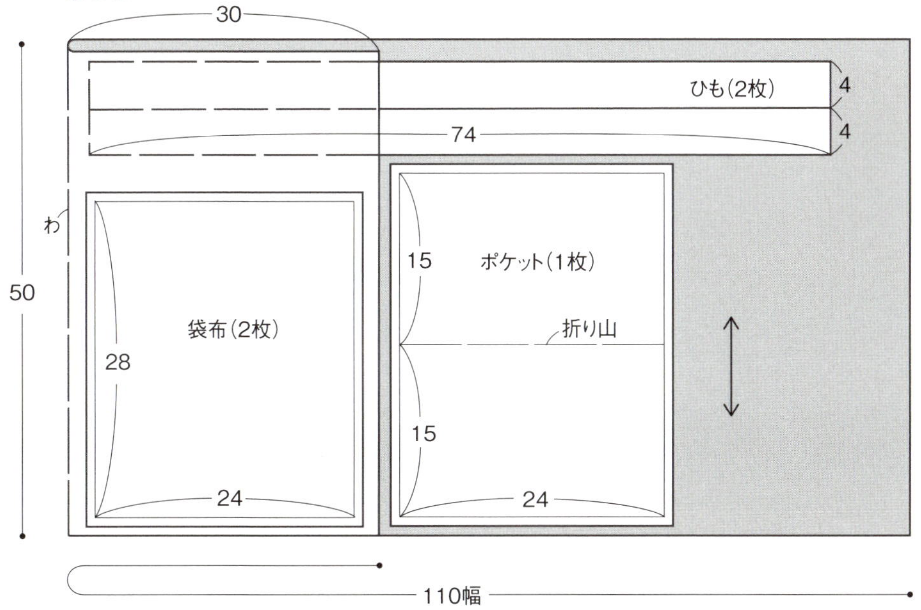

1.持ち手を作る

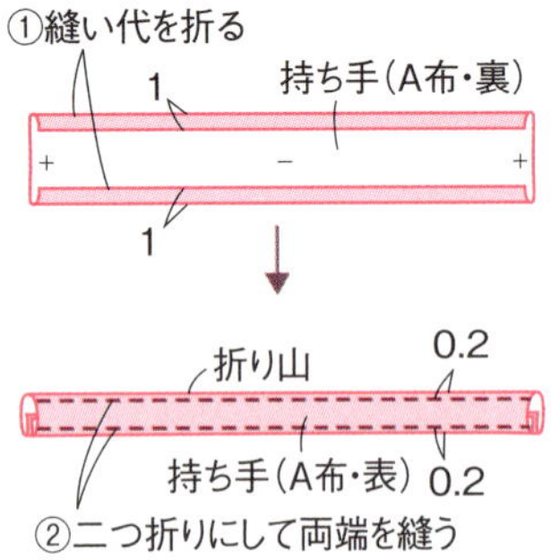

※2本作る

2.ポケットを作る

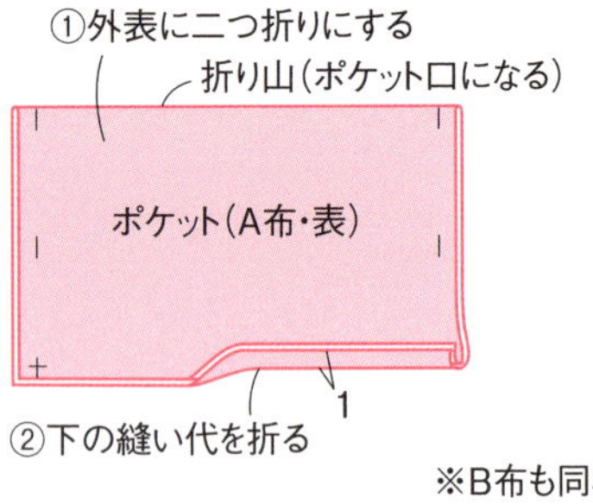

※B布も同様に作る

3.袋布に持ち手（A布）とポケット（A布、B布）をつける

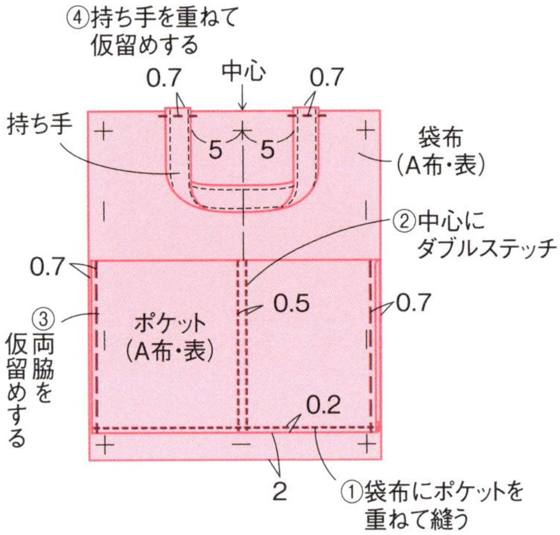

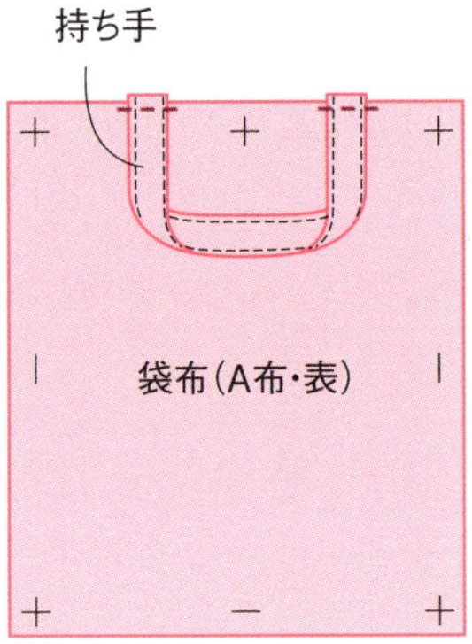

※袋布（B布）も同様に
ポケットをつける

4.袋布（A布、B布）を作る

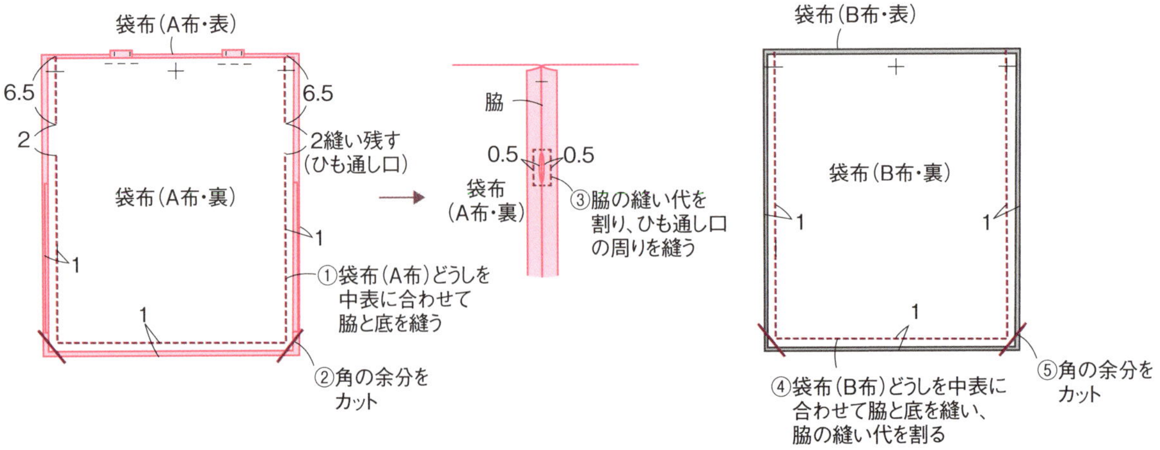

5.袋布(A布、B布)を合わせて袋口を縫う

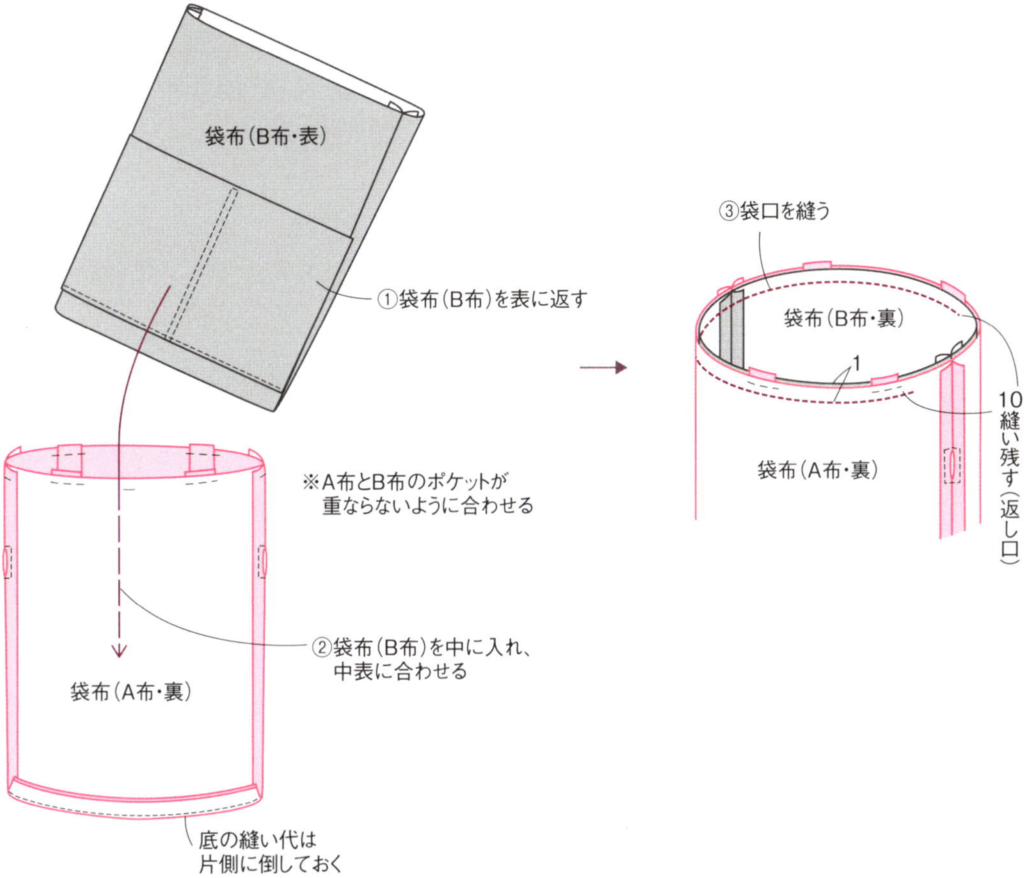

6.返し口から表に返す

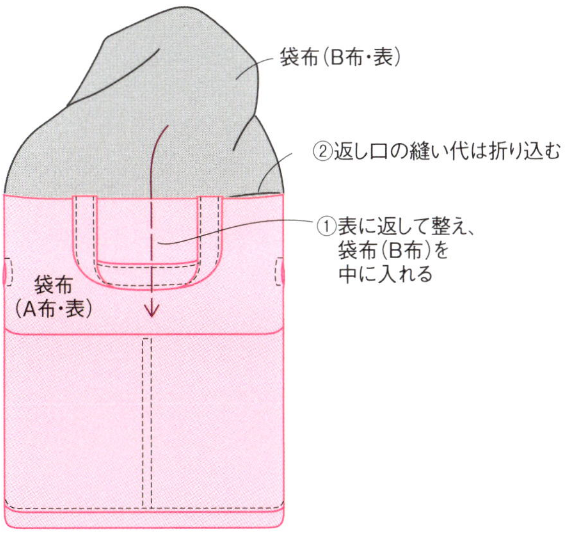

7.袋口にステッチをかける

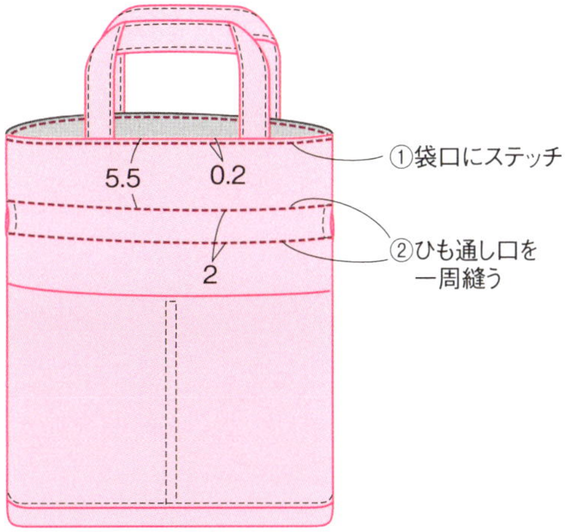

8.ひもを作り、通す

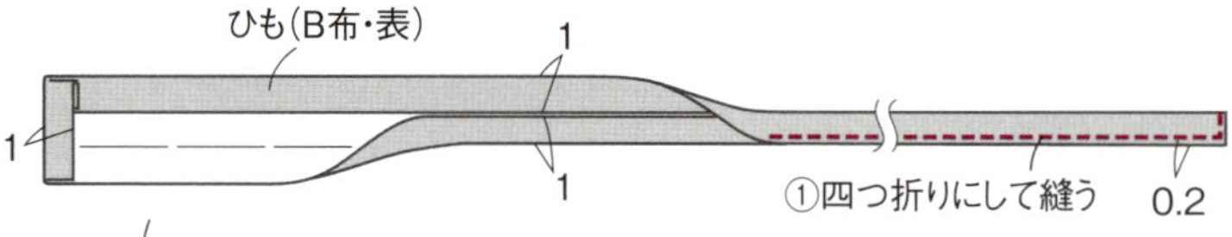

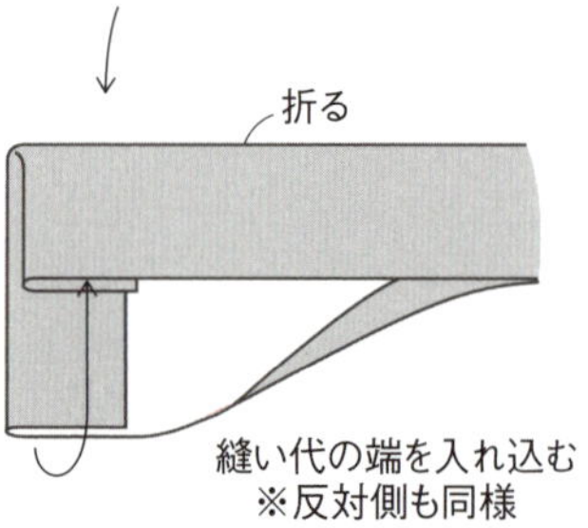

※2本作る

ひもの通し方

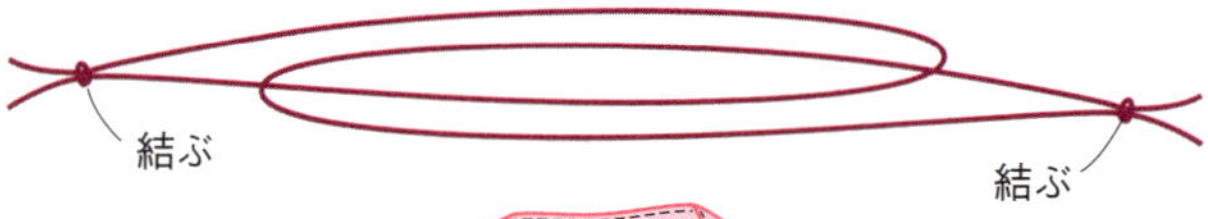

14 なんだかんだ便利な普通のトート

写真 p.30

（材料）

A布（ハーフリネンのブロックチェック）…110cm幅×90cm
B布（コットン）…110cm幅×80cm
60番ミシン糸…適量

（出来上がりサイズ）

縦41×横42cm

（裁ち合わせ図）

＊単位＝cm
＊○の中の数字は縫い代寸法。それ以外は1cmの縫い代をつけて裁つ

●A布

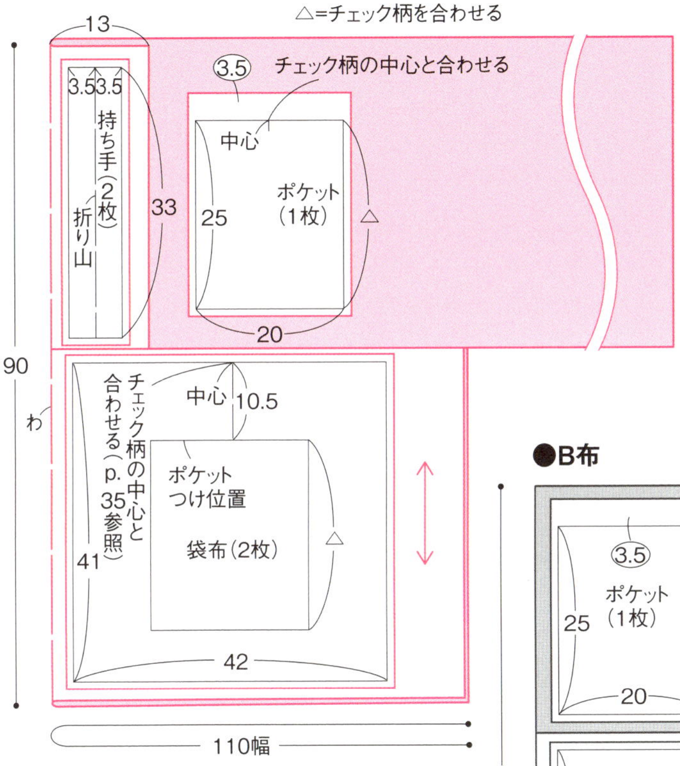

●B布

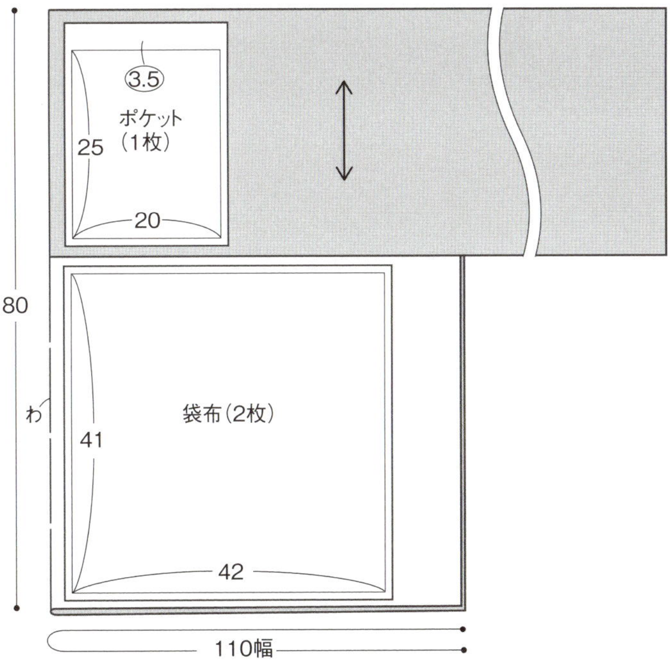

1.ポケット（A布、B布）を作る

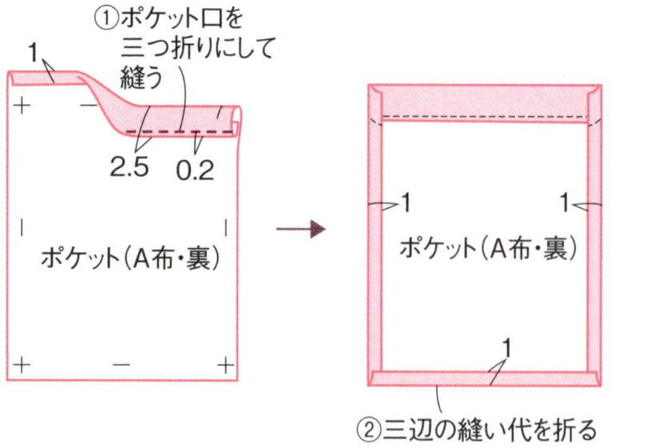

※B布のポケットも同様に作る

2.持ち手（A布）を作る

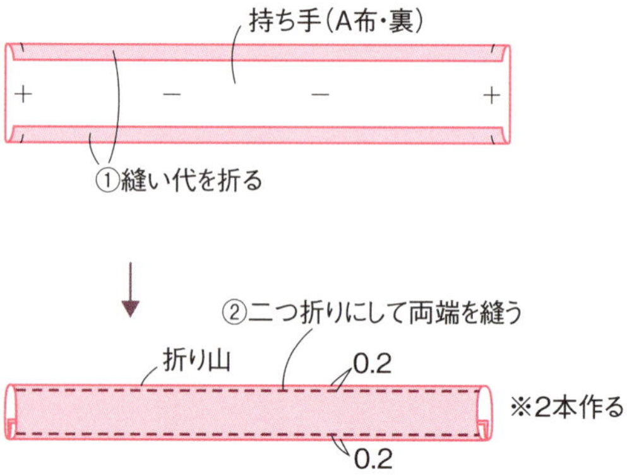

3.袋布にポケットと持ち手をつける

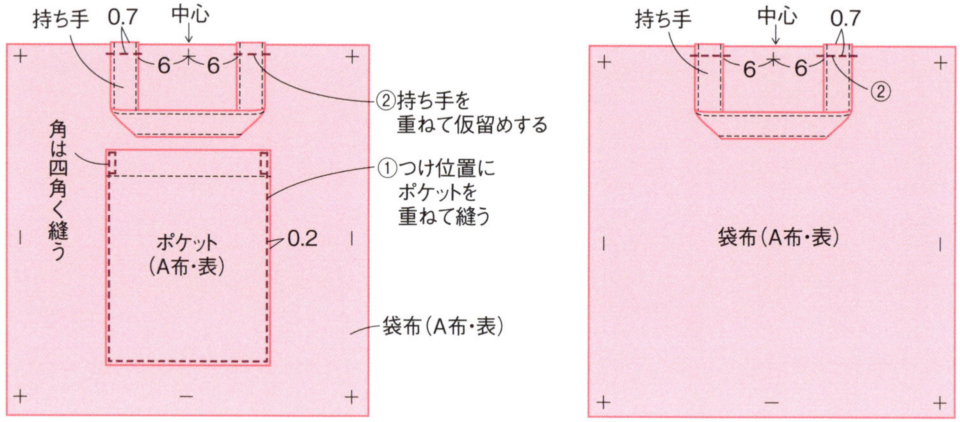

※袋布（B布）も同様にポケットをつける

4.袋布（A布、B布）を作る

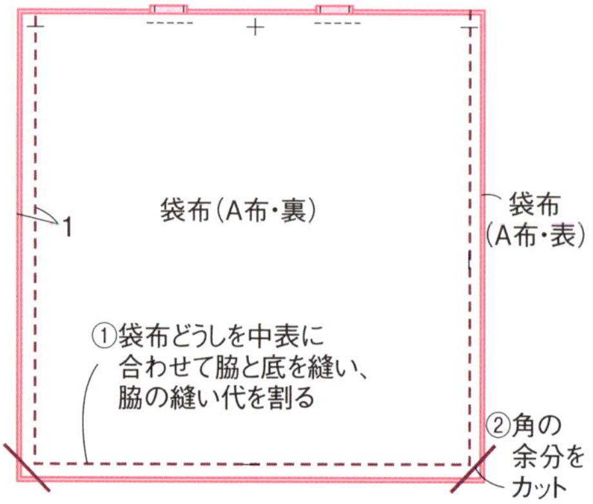

※B布の袋布も同様に作る

5.袋布(A布、B布)を合わせて袋口を縫う

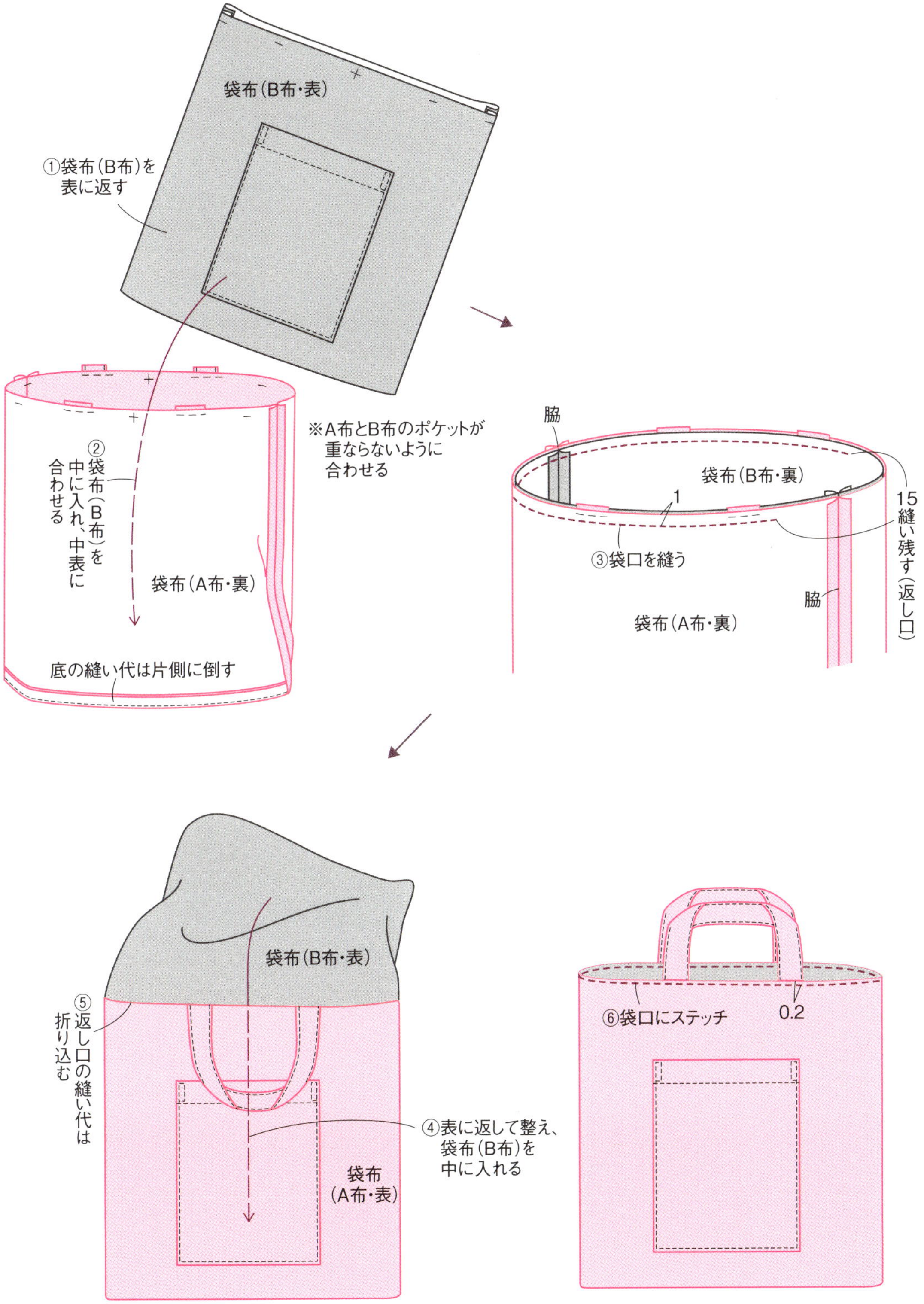

15 ペットボトルみたいな長いものを入れるバッグ

写真 p.32

材料

A布（コットン／ギンガムチェック）…110cm幅×35cm
B布（コットン／ストライプ）…110cm幅×40cm
60番ミシン糸…適量

出来上がりサイズ

縦28×横18×まち8cm

裁ち合わせ図

＊単位＝cm
＊1cmの縫い代をつけて裁つ。ひもは縫い代なし（裁ち切り）

●A布

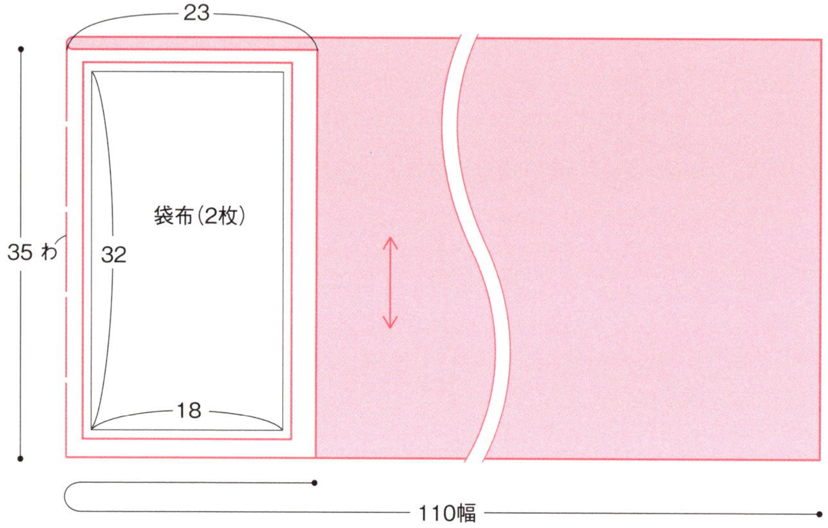

●B布

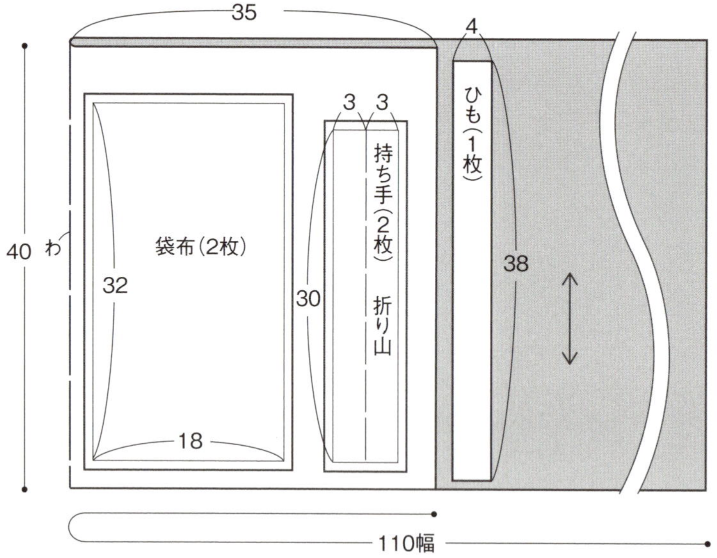

1.持ち手を作る

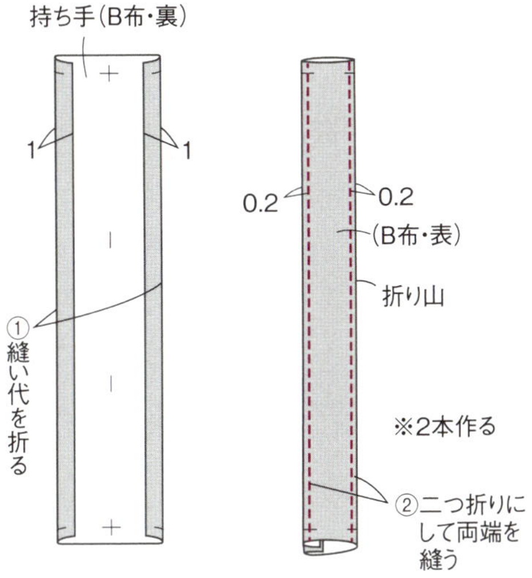

2.ひもを作る

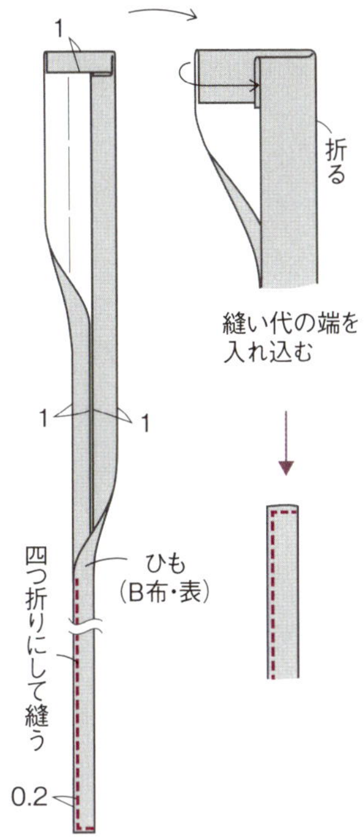

3.袋布（A布）に持ち手とひもを仮留めする

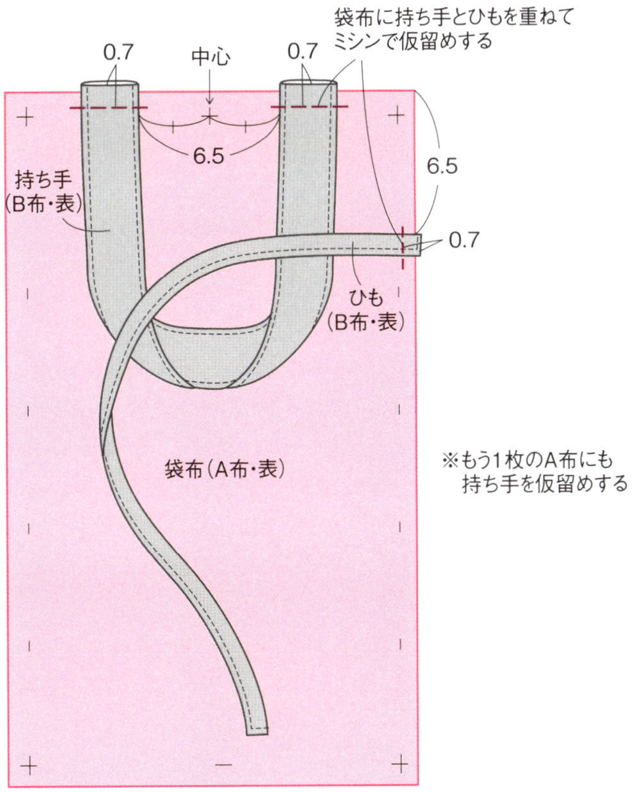

4.袋布（A布、B布）を作る

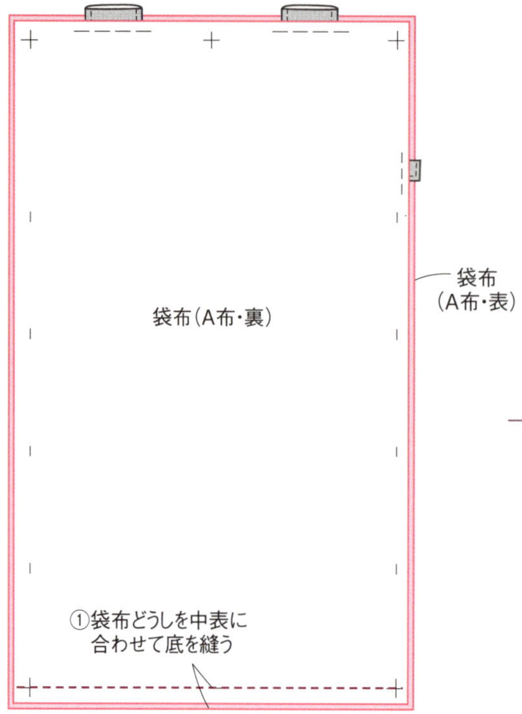

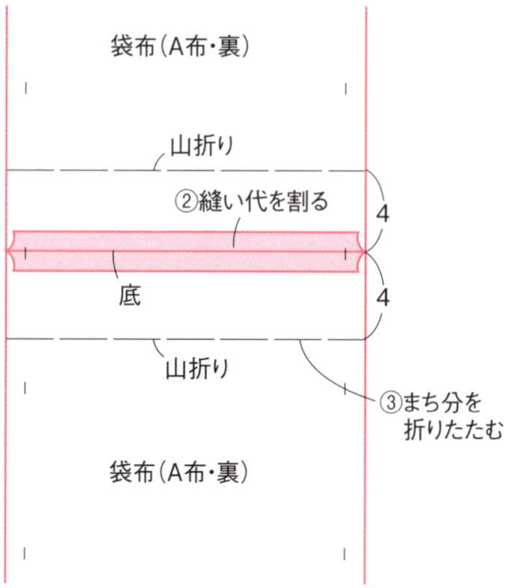

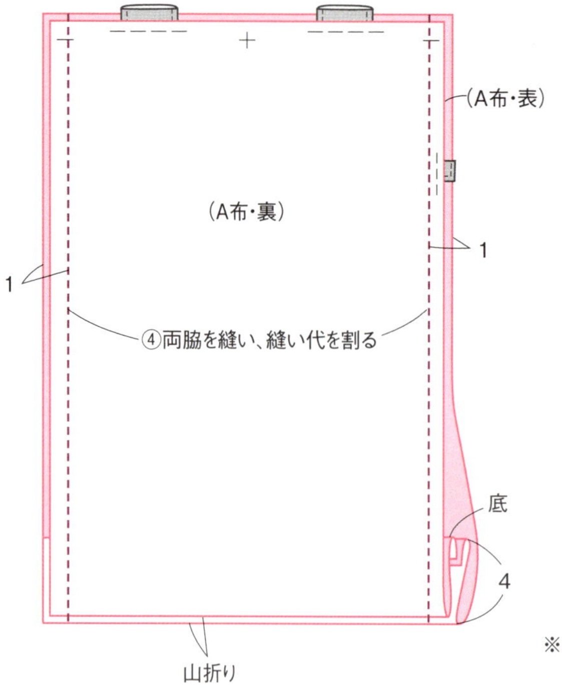

※B布も同様に作る

5.袋布(A布、B布)どうしを合わせて袋口を縫う

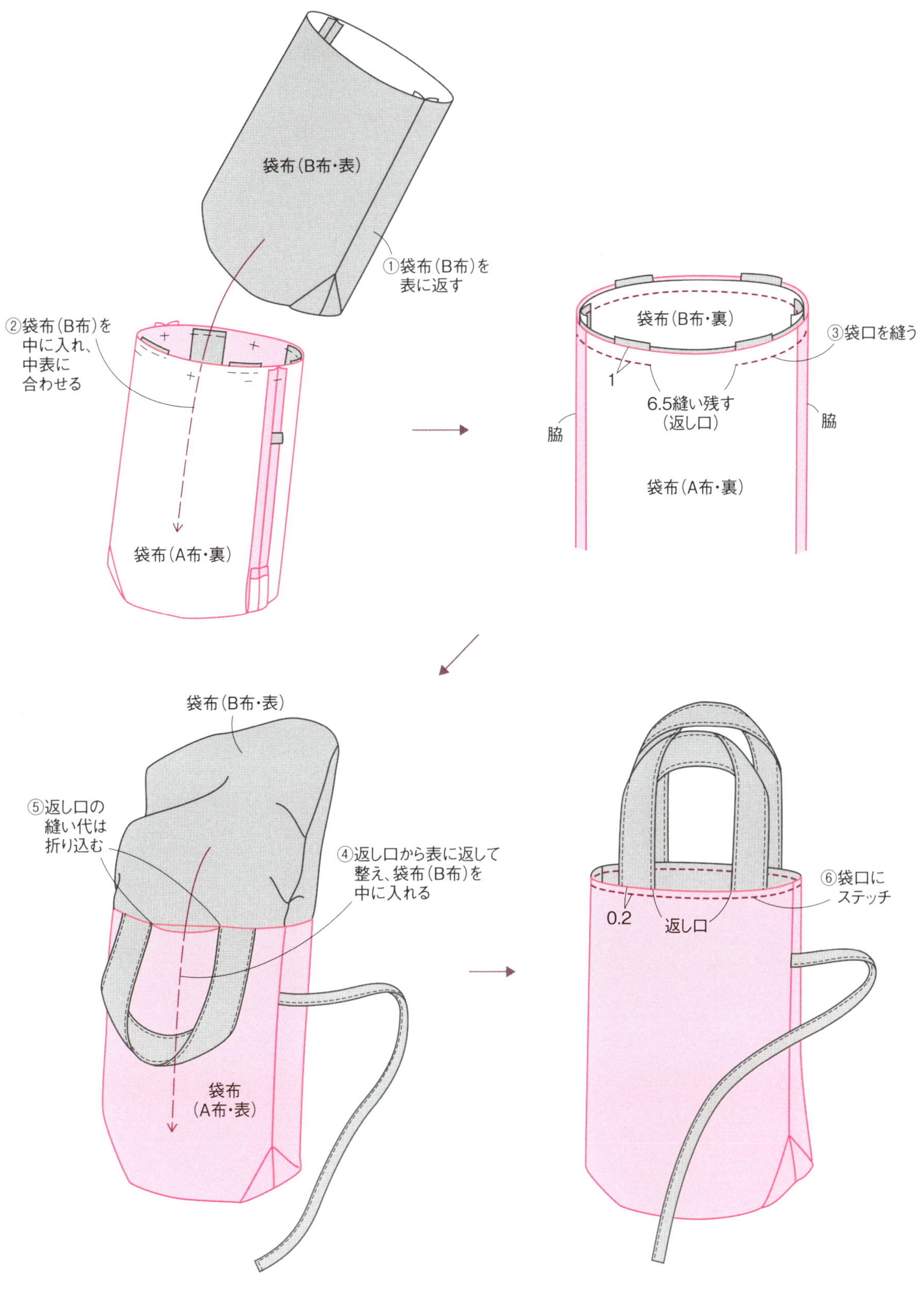

Quoi?Quoi?

コアコア

デザイナー久文麻未と、パタンナー三代朝美によるソーイングユニット。ともに文化服装学院で服飾を学び、アパレルメーカーの先輩後輩として勤務。退職後にユニットを結成。Quoi?Quoi?とはフランス語で「なぜ？なぜ？」という意味。『ストンとワンピース』（文化出版局）、『1日でぬえる！ 簡単楽ちんワンピース おしゃれなアッパッパ』（主婦の友社）、『大人の着せ替え布人形』（誠文堂新光社）などヒット作多数。

STAFF

ブックデザイン　塙 美奈［ME&MIRACO］
撮影　砂原 文
スタイリング　伊東朋恵
モデル　帰山ある
ヘアメイク　オオイケユキ
作り方解説　網田ようこ
トレース　大森裕美子［tinyeggs studio］
編集　若松香織［誠文堂新光社］

材料協力

CHECK & STRIPE　https://checkandstripe.com
藤久株式会社　https://www.crafttown.jp

撮影協力

東京都立井の頭恩賜公園
ギャラリーフェブ　https://hikita-feve.com
CHECK & STRIPE 吉祥寺店　https://checkandstripe.com
４ひきのねこ　http://yonhikinoneko.com
AWABEES

衣装協力

CLASKA ONLINE SHOP　http://www.claskashop.com
　ワンピース、タートル（HAU）／カバー、P6、8、22～24
fog linen work　https://foglinenwork.com
　オールインワン（miithaaii）／カバー裏、P10、12～15、18、26、30～31

どんでん返《がえ》しが楽《たの》しい

リバーシブルの布《ぬの》バッグ

2025年3月10日　発　行　　NDC594

著　　者　Quoi?《コア》Quoi?《コア》
発 行 者　小川雄一
発 行 所　株式会社 誠文堂新光社
〒113-0033 東京都文京区本郷3-3-11
https://www.seibundo-shinkosha.net/
印刷・製本　株式会社 大熊整美堂

ISBN978-4-416-52465-7